KB094545

SOS 5분 영어

SOS 5 MINUTE ENGLISH

EBS TV · 이윤철 교수와 · 함께하는

SOS
5분 영어

카시노 켄지 저
이윤철 역
Wayne Letcher 영문 감수

다미
DAMEET

머리말

　먼저 '영어학'이라는 말의 뜻을 알아보자. 영어학은 영어의 문법, 단어, 음성, 문장, 의미 등을 연구하는 학문이다. 그 안으로 들어가면 더 전문적이고 섬세한 분야로 나뉘는데, 필자는 문법 중에서도 어법을 전문적으로 연구하고 있다.

　어법 연구라는 것은, 어떠한 주제를 놓고 소설 등에서 실제로 사용되었던 말을 연구하는 것이다. 주제에 부합하는 말을 찾으면 네이티브 스피커에게 의견을 구하고 문헌을 살펴본 뒤, 그 자료들을 토대로 삼아 연구한다.

　이 책에는 이런 어법 연구 방법을 사용한 '아메리카 구어 표현' 해설이 담겨 있다. 여기서 '아메리카 구어 표현'이란 영어권 나라 중 미국에서만 사용되는 표현을 뜻하는 게 아니라, 미국에서 많이 사용하고 있는 표현이라는 걸 밝혀둔다.

　영어회화의 첫 걸음은, 알고 있는 표현을 적절한 때에 사용하는 것이다. 그리고 정형화 된 표현을 많이 알고, 그 표현을 써야할 때를 제대로 인식해야 회화의 폭이 넓어진다.

　이 책은 일상생활에서 자주 쓰이는 영어 표현 50항목을 골라 수록하고 있으며 이 표현을 잘 사용할 수 있는 방법을 알려주고 있다. 그리고 이 50항목은 소설과 영화에서 쓰인 구어 표현 중에서 가장 도움이 될 만한 것으로 골라 뽑았다는 것을 밝혀둔다.

이 책의 각 항목은 모두 세 부분으로 구성되어 있다. 앞부분에는 해당 구어 표현이 사용되고 있는 전형적인 대화dialog를, 그 다음 부분에서는 지난 30년 동안 출판된 미국 소설의 예를 인용하여 어떤 장면에서 어떤 표현이 사용되고 있는지를 자세히 설명하였다. 그리고 마지막 해설 부분에서는 '네이티브는 이렇게 말한다', '영화의 한 장면에서', '지금 바로 사용할 수 있는 구어 표현' 이라는 난으로 이어 학습의 효과를 한층 높였다.

아울러 이 책이 미국 영어를 다루고 있긴 하지만 '네이티브는 이렇게 말한다' 난에서는 영국, 오스트레일리아, 캐나다 네이티브에게 정보를 얻어 아메리카 영어와 닮은 점과 다른 점을 담아두었다. 보다 폭 넓은 영어 표현을 익히는데 도움이 되리라 생각한다.

카시노 켄지

영어가 갖고 있는 섬세하면서도 독특한 뉘앙스를 제대로 익혀야 영어다운 표현을 쉽게 구사할 수 있다는 것은 누구나 다 알고 있는 사실이다. 그런데도 실생활에서는 짧은 문장을 통해 영어가 갖고 있는 특유의 뉘앙스를 제대로 전하는 것이 결코 쉽지 않다.

그래서 이 책에서 저자는 50가지 영어 문장을 특별히 엄선해 수록해 놓았다. 영어회화를 공부하는 한국 사람이라면 반드시 알아야 할 문장들만 골라 놓은 것이다. 덕분에 영어 특유의 뉘앙스를 익히는데 어려움을 겪어온 독자들은, 이 책을 접하는 순간 그 어려움을 상당 부분 해소할 수 있으리라 믿는다.

이 책이 갖고 있는 여러 장점 중의 하나는, 익히기 쉬운 50가지 문형을 통해 독자들이 영어 뉘앙스를 쉽게 익힐 수 있도록 적극적으로 돕는다는 점이다.

예를 들면, 우리가 인사말로 흔히 사용하는 "What's up?"은 "무슨 일이야?"라는 뉘앙스로 자주 사용되곤 한다. 그러나 "I want to buy Jeffery a Dairy Queen"은 "제프리에게 다이어리 퀸을 사주고 싶다"가 아니라, "다이어리 퀸이라는 패스드푸드 점에서 뭐 좀 사주고 싶다"는 뉘앙스를 풍기는 표현인 것이다.

예로 든 위의 문장은, 언뜻 보기에는 우리가 일상생활에서 흔히 사용할 수 있는 쉬운 표현처럼 보인다. 그렇지만 실제로 사용하려

Sandy : Can I use the car for a while?
Williams : **Sure.** What's up?
Sandy : I want to buy Jeffery a Dairy Queen.

샌디 : 잠깐 차 좀 사용할 수 있을까요?
윌리엄 : **물론이지.** 무슨 일이야?
샌디 : 제프리에게 다이어리 퀸(패스트푸드 점)에서 뭐 좀 사주고 싶어서요.

— 블루 벨벳(*Blue Velvet*, 1986)

고 하면 결코 쉽지 않다는 것을 독자들도 잘 알 것이다.

이처럼 쉽게 사용하기 어려운 영어의 뉘앙스를 제대로 알아야, 영어다운 표현을 유창하게 구사할 수 있게 되는 것이다.

이 책은 특히 말하기 영어교육의 중요함을 잘 알고 있는 중·고등학생들이 학교에서 배우는 영어수업과 병행하면, 학습 효과가 훨씬 높아질 것으로 기대된다.

또한, 영어 성적도 나쁘지 않고 영어회화도 곧잘 하는 편이지만, 영어의 뉘앙스를 구별하지 못해 고생하는 대학생, 일반인들에게도

이 책은 큰 도움이 될 것이다.

이 책의 번역은, 영어 학습 효과를 높이기 위해 될 수 있는 한 영어 어순과 한국말 어순이 일치되도록 직독 직해식으로 번역하였다. 그래서 일반 문학서적 번역과는 다소 차이가 있을 것이다. 문장의 어순이나 해석된 내용이 낯설게 느껴진다면, 번역자가 왜 이렇게 번역하였는지 살펴보며 영어 뉘앙스에 대해 생각을 환기하는 계기가 되었으면 한다.

예를 들면, "Thanks for the lunch, she said."(p.30)는 "점심 대접 감사합니다"라고 그녀가 말했다.로 번역했다. 이렇게 하면, 그녀는 "점심 대접 감사합니다"라고 말했다.로 번역한 것 보다, 독자들은 영어를 훨씬 쉽게 이해할 수 있게 될 것이다.

영어 뉘앙스 이해에 좀 더 도움을 주려는데 그 목적이 있으니 따라주기 바란다. 그러므로 이 책의 번역이 일반 문학서적 번역과 다소 차이가 있다 하더라도, 이해해주어야 한다.

이 책에는 독자들의 듣기 훈련을 위해 본문과 함께 사용할 수 있는 음성 파일 CD(표준속도 1회 녹음)를 첨부하였다.

그러나 독자들의 듣기 실력을 더 빨리 향상시키려면 홈페이지(www.dameet.com)에서 '각 Unit 단위로 빠른 속도 3회, 정상속도 3회 반복 녹음', '5unit 단위로 빠른 속도와 표준 속도 1번씩 녹음된' 음성 file을 각각 다운로드 받아 다음과 같은 방법으로 학습을 하면 보다 더 학습효과를 얻을 수 있다.

1. Unit 1의 '빠른 속도 3회 반복 녹음'을 들으면서 듣기 훈련을 한다.

2. Unit 1의 '정상 속도 3회 반복 녹음'을 들으면서 듣기 훈련을 한다.

3. Unit 5까지 같은 방법으로 듣기 훈련을 한다.

4. Unit 1-Unit 5 '빠른 속도 1회 녹음'을 들으면서 듣기 훈련을 한다.

5. Unit 1-Unit 5 '정상 속도 1회 녹음'을 들으면서 듣기 훈련을 한다.

6. 같은 방법으로 Unit 50까지 듣기 훈련을 계속하면 학습효과를 극대화 시킬 수 있을 것이다.

앞으로도 부족한 부분은 계속해서 보완할 예정이니, 독자 여러분이 넓은 양해와 격려를 기대하며 이 책을 출판하는데 많은 도움을 주신 저자 카시노 켄지님, 도서출판 다밋 편집실 여러분께 심심한 감사의 말씀을 드린다.

역자 이윤철 드림

CONTENTS

머리말 ㅣ 4
역자의 말 ㅣ 6

Let's start~!

1 흔쾌히 Yes라고 말하고 싶을 때는 Sure.

"Can I talk to you a minute?"
"*Sure.*"
"잠깐 이야기할 수 있습니까?"
"네, 말씀하세요."

1. "Sure"는 '확실한' 이라는 의미 뿐 아니라 질문받은 것에 대해 "Yes"라고 대답할 때도 사용한다. '네' '좋고말고요' '물론입니다' 라는 의미로 많이 사용한다.

"Hello? Ellen?	"여보세요? 엘렌?
Is everything all right?"	잘 지내시죠?"
"**Sure**. Fine."	"네, 잘 지내고 있어요."

— M. Crichton, *Prey* (2002)

2. 상대방이 의뢰를 해 오거나 허락을 원하는 경우, 그 응답으로도 많이 사용한다.

"Could you give me his	"그의 주소와 전화번호를 알려 주
address and phone number?"	시겠습니까?" 사일크가 부탁했다.
Cilke asked.	

"Sure." Nicole said.

"네, 알려드리고 말고요"하고 니콜이 대답했다.

— M. Puzo, *Omerta* (2000)

"After lunch can we come back to the beach and swim?" "Sure."

"점심식사 후에 해변으로 돌아가서 수영할까?" "좋고말고."

— D. Steel, *Bittersweet* (1999)

3. 또 "Sure"는 상대방이 감사의 뜻을 전할 때, '뭘요'라고 응답하는 의미로도 사용한다. 이때 "Sure"는 "You're welcome" 보다 스스럼없는 표현으로 대개 아랫사람에게 사용한다.

"Thanks, Val," Astorre said, patting his cousin on the shoulder affectionately. "Sure," Valerius said.

"고마워, 발"하고 아스토어는 말하면서, 사촌의 어깨를 다정스레 토닥거렸다. "뭘"이라며 발레리어스가 대답했다.

— M. Puzo, *Omerta* (2000)

4. "Sure"와 같은 의미로 "Sure thing"이라는 말이 있다. 이것은 미국 특유의 표현이다.

"Why don't you dance with her, Fred?" "Sure thing."

"그녀와 춤추지 않을래, 프레드?" "좋고말고."

— H. Robbins, *The Lonely Lady* (1976)

Sandy : Can I use the car for a while?
Williams : **Sure.** What's up?
Sandy : I want to buy Jeffery a Dairy Queen.

샌디 : 잠깐 차 좀 사용할 수 있을까요?
윌리엄 : **물론이지.** 무슨 일이야?
샌디 : 제프리에게 다이어리 퀸(패스트푸드 점)에서 뭐 좀 사주고 싶어서요.

— 블루 벨벳(*Blue Velvet*, 1986)

네이티브는 이렇게 말한다

영국 네이티브는 "Sure"가 원래 미국 영어지만, 최근 들어 영국에서도 사용한다고 말한다. 오스트레일리아 네이티브는 상대방이 고맙다고 할 때 "That's OK"라고 답한다고 한다. 그리고 마지막 예에서 보여주는 "Sure thing"은 사용하지 않으며, 그럴 경우 단순히 "OK"라고 말한다.

지금 바로 사용할 수 있는 구어 표현

· Could you···?
상대방에게 무엇인가를 '부탁' 할 때 사용한다. "Would you···?"가 더 정중한 표현이다. "Could you···?"의 경우 "No"라고 말할 수 있지만 "Would you…?"의 경우에는 "No"라고 거의 대답하지 않는 경향이 있다는. 점에 주의하기 바란다.

Could you close the curtain?

Would you bring me some tea?

커튼 좀 닫아 주시겠습니까?

차 좀 가져다 주시겠습니까?

· Why don't you…?

상대방에게 가벼운 권유나 권고를 할 때 사용하는 표현이다.

Why don't you wait till tomorrow?

내일까지 기다려 주지 *않을래?*

· What's up?

무슨 일이 일어났는지 알고 싶을 때 사용한다.

"I'd like you to do me a favor."

"Sure. *What's up?*"

"부탁할 게 있어."

"좋고말고. *뭔데?*"

2 처음 만났을 때는
Nice to meet you.

"This is my friend Betty."
"Hi, *nice to meet you.*"
"내 친구 베티야."
"안녕, *만나서 반가워.*"

1. "Nice to meet you"는 "(It is) Nice to meet you"의 생략형으로 '만나서 반갑습니다, 처음 뵙겠습니다' 라는 뜻이다. 두 번째 만났을 때는 "meet"가 아니라 "see" 쪽이 적절하다. 또 "nice" 대신에 "glad"나 "pleased"(딱딱하게 표현할 때)를 사용할 수도 있다.

"I'm Lee."
"Nice to meet you, Lee. I'm Mim."
I shook his hand.

"리 라고 합니다."
"만나서 반갑습니다. 리 씨. 난 밈입니다."
나는 그와 악수했다.

— G. Rucka, *A Fistful of Rain* (2004)

"I'm Sally. Pleased to meet you."
"Nice to meet you, I'm Wick."

"저는 셀리라고 해요. 만나게 되어 반갑습니다."
"만나서 반갑습니다, 저는 윅입니다."

— S. Brown, *The Crush* (2002)

2. "Nice to meet you"라고 인사를 받으면 똑같이 "Nice to meet you" ('you'를 강하게 읽는다)라고 답하거나 "Nice to meet you, too"라고 말하는 것이 보통이다. 또 "My pleasure"라고 말하는 경우도 있다.

"Nice to meet you, Mitchell. I'm Lamar Quin."	"만나서 반갑습니다, 미첼. 라마 퀸입니다."
"My pleasure. Please call me Mitch."	"만나서 반갑습니다. 미치라 불러주세요(미치입니다)."

— J. Grisham, *The Firm* (1992)

3. 소개를 받았을 때 "Nice to meet you"라고 말하며 악수를 한 후, "Call me …"라는 식으로 자신의 이름을 상대방에게 알리는 것이 예의이다.
또 처음 만난 사람과 헤어질 때는 "Nice meeting you"라고 말하는 것이 문법적으로 옳지만 최근에는 "Nice to meet you"라고 많이 쓴다.

"Good night, young lady," he said to me. "Nice meeting you."	"잘 자, 아가씨"하고 그가 나에게 말했다. "만나서 반가웠어"
"Nice meeting you," I replied.	"나도 만나서 반가웠어"하고 나도 응답했다.

— H. Robbins, *The Lonely Lady* (1976)

"I'd better get going. Nice to meet you, Mrs. De Lancel.	"이제 가야겠네요. 만나서 반가웠어요, 드 랜슬 여사님. 또 만

<u>See you again, I hope."</u> | 납시다. 다시 만나기 바랍니다."

— J. Krantz, *Till We Meet Again* (1986)

영화의 한 장면

Amanda : Oh, hi Sally. Sally, this is Harry Burns. Harry, this is Sally Albright.

Harry : **Nice to meet you.**

아만다 : 오, 안녕 셀리. 셀리, 이쪽은 해리 번즈야. 해리, 이쪽은 셀리 얼브라이트.

해리 : **만나서 반가워.** ·

— 해리가 샐리를 만났을 때(*When Harry Met Sally…*, 1989)

네이티브는 이렇게 말한다

"Nice to meet you"와 같은 표현으로 "How do you do?"가 있다. 그러나 너무 딱딱한 표현이라 최근 아메리카 네이티브는 별로 쓰지 않는다.

처음 만난 사람과 헤어질 때 "Nice to meet you"라고 말하는 것을 영화 「어느 날 그녀에게 생긴 일(*Life or Something like It*, 2002)」에서도 볼 수 있다. 그날 처음으로 만난 두 사람이 헤어질 때 "Nice to meet you"라고 서로 말하는 장면이 있다. 오스트레일리아 네이티브 중에 이와 같은 표현을 하는 사람도 더러 있긴 하지만, 대부분 "Bye" 또는 "See you"라고 말한다.

지금 바로 사용할 수 있는 구어 표현

· I'd better get going.

헤어질 때 하는 인사말이다. 'd better'는 'had better'를 말하는
것이며, 그밖에 "I must be leaving" 등이 있다.

"Let's have a drink."

"I'd like to, but I'm afraid *I must be leaving.*"

"한 잔 합시다."

"그렇게 하고 싶지만, 죄송하지만(*or* 유감스럽지만) 저는 이만 실례해
야겠습니다."

· See you again.

많이 쓰는 인사말 중 하나다. 비슷한 표현으로 "See you later"도 있다.

"*See you later*, alligator"

"After while, crocodile."

"*다음에 또 보자.*"

"곧 또 만나."

('later, alligator'와 'while, crocodile'은 운율을 맞춘 언어유희로 파티나 모

임에서 재미를 위해 쓰이기 시작한 것이다. 이와 같은 언어유희로는 "Oky,

Doky(오키, 도키)*" 등이 있다.)

Oky Doky의 유래

"The Adventures of Oky Doky(1948. 11. 4~1949. 5. 26)"는 DuMont Television
Network에서 방송한 미국 어린이 TV프로그램이다. Oky Doky라는 인형이 New
York City 지역 TV쇼에 처음 선 보였을 때, 아이들이 "OK"를 "Oky Doky"라고 말
하기 시작하였다. (From wikipedia, the free encyclopedia)

3 흔쾌히 부탁을 들어줄 때는 No problem.

"Can you fix this for me?"
"*No problem.*"
"이거 고쳐 줄래요?"
"*그래, 좋아.*"

1. "No problem"은 "(That causes) No problem" (아무 문제 없다)의 생략형으로 상대방이 뭔가를 부탁해 왔을 때 '좋아' 하고 흔쾌히 들어 주는 의미로 사용한다.

"I forgot my video camera. Could you stop by my place and pick it up on your way to the Mall?"
"No problem, Doc."

"비디오 카메라를 가져오는 것을 잊어버렸어. 몰(런던 St. James 공원에 있는 나무 그늘이 많은 산책길)로 오는 길에 우리 집에 들러서 갖고 올래?"
"그래, 좋아. 독."

— G. Gipe, *Back to the Future* (1985)

2. 또 "No problem"은 상대방이 불안하게 생각하고 있는 것에 대해 '걱정할 것 없다' '문제없다'고 말할 때도 사용한다.

"You're going to stay here tonight. It's the first time

"너는 오늘 밤 여기서 잘 거야. 처음으로 집 밖에서 자는 거지. 괜찮

you've slept away from home. Think you can manage?" "No problem," Anthony said seriously.

겠니?"

"**문제없어요**"하고 안토니는 진 지하게 대답했다.

— L. Sanders, *Guilty Pleasures* (1998)

"We're ready for your first setup." I felt a moment of panic. "I just got the script last night," I said quickly. "I haven't had a chance to read it yet. I don't know my lines." "No problem," he said.

"You don't have any dialogue in these scenes anyway."

"첫 신 촬영이 준비가 되었다." 나는 순간 패닉 상태가 되었다. "어젯밤에야 대본을 받았단 말이 에요"하고 나는 재빨리 말했다. "아직 읽을 시간이 없었어요. 제 대사를 몰라요." "**걱정할 것 없어**"하고 그가 말 했다. "이 장면에서 네 대사는 없으니 까."

— H. Robbins, *The Lonely Lady* (1976)

3. 이밖에 "No problem"은 상대가 "Thank you"라고 말하 거나 "I'm sorry"라고 말했을 때의 대답도 된다. 또 "천만에 말 씀"이라는 의미로도 사용한다.

"Michael, I'm so glad to see you. Thank you for arranging everything so quickly." "No problem. I've been waiti-

"마이클, 만나게 돼서 반가워요. 모든 준비를 재빨리 갖추어 주 어서 <u>고마워요</u>." "**별말씀을.** 기다리고 있었어요,

ng for you, Jennifer." | 제니퍼."
— S. Sheldon, *Rage of Angels* (1980)

"I'm sorry I'm so late," Dana | "너무 늦어서 죄송합니다"하고 다
said. | 나가 말했다.
"I —" | "저……."
No problem." | **"괜찮아."**
— S. Sheldon, *The Sky Is Falling* (2000)

영화의 한 장면

Molloy : Are you okay?

Joe : Fine… fine. **No problem.** Just tired, that's all….

몰리 : 괜찮아?

조 : 괘…괜찮아. **문제없어.** 좀 피곤했을 뿐이야….

— 이너스페이스 (*Innerspace*, 1987)

네이티브는 이렇게 말한다

"No problem"은 상당히 스스럼없는 표현이다. 캐나다 네이티브는
의뢰에 대한 대답으로 "No problem"이 아니라 다소 딱딱한
"Certainly"나 "I'd be glad to"를 사용한다고 말한다. 오스트레일리
아 네이티브에 의하면 레스토랑 웨이터는 보통 정중한 말을 사용해
"No problem"이 아닌 "Certainly"라고 말하며 차 정비 공장의 수리

23

공은 "Certainly"보다 "No problem"을 더 많이 사용한다고 한다.

지금 바로 사용할 수 있는 구어 표현

· Think you can manage?

"Do you think you can manage?"를 말한다. 회화에서는 문장
의 처음 말이 흔히 생략된다.

"Probably? You mean you're not sure?"

"아마라니? 확실히 모른다는 거야?" [=Do you mean…?]

· Thank you for…

"Thank you for…"는 무엇에 대해 감사하고 있는가를 나타낼 때
사용한다.

Thank you for everything.

여러 가지로 감사합니다.

4 이상하게 생각하고 이유를 물을 때는 How come?

"I can't come to the dance."
"*How come?*"
"댄스파티에는 갈 수 없어."
"*왜?*"

1. "How come?"은 "why?"와 같은 의미로 사용되는데 "why?"에 비해 감정적인 표현이다. 그러므로 윗사람에게 사용하는 것은 피하고 친한 사이나 친구끼리 사용하는 것이 무난하다.

"You're saying Julia didn't come home and she didn't call?"
"Right."
"Did you call her?"
"Not yet."
"**How come?**"

"쥴리아가 아직 돌아오지도 않았고, 전화도 없다는 거야?"
"그래요."
"그녀에게 전화는 했니?"
"아직 안했어요."
"**왜?**"

— M. Crichton, *Prey* (2002)

"Hey, have you and Missy decided where you're going on vacation?"
"She's going alone."

"너 미시하고 휴가 때 어디 가기로 결정했니?"

"미시는 혼자 간대요."

"Alone? **How come?**" | "혼자? **왜?**"

— T. Racina, *Nine to Five* (1980)

2. "**How come?**"은 단독으로 쓸 수 있을 뿐만 아니라 뒤에 문장을 이어서 말할 수도 있다. 그때는 'Why'로 시작하는 의문 문과 달리 뒤에 이어지는 문장의 어순을 바꿀 필요가 없다. 예를 들면 'Why is he here(왜 그가 여기 있는 거지)?'는 "**How come he is here?**"가 된다.

"**How come** there are no used car saleswomen?" Marty asked. "I've never seen a woman selling cars, have you?" | "**왜** 중고차를 파는 여자는 없는 거야?"하고 마티가 물었다. "난 여자가 차를 파는 걸 본 적이 없어, 넌 (본 적 있니)?"

— G. Gipe, *Back to the Future* (1985)

"How long have you been in South Florida?" Sullivan asked. "Almost eight months now." "**How come** you're so pale? Don't you ever hit the beach?" | "남 플로리다에 온지 얼마나 됐지?"하고 설리반이 물었다. "지금 거의 8개월 정도." "**왜** 넌 그렇게 창백하니? 바닷가에 가본 적 없어?"

— L. Sanders, *Sullivan's Sting* (1990)

Miriam : If she's so innocent, **how come** she murdered a child?

Mother : Miriam, She didn't. This is manslaughter, not m-urder.

미리암 : 만약 그녀가 그렇게 선량하다면, **왜** 그녀가 아이를 죽였지?

마더 : 미리암, 그녀는 살인하지 않았어. 이건 과실치사지, 살인이 아니야.

— 신의 아그네스(*Agnes of God*, 1985)

네이티브는 이렇게 말한다

영국 네이티브는 "How come?"을 뭔가 이상한 것이나 모순되는 것의 이유를 물을 때 사용한다고 한다.

You said you were going to take the afternoon off. So **how come** you're still here?

오후부터 쉰다고 했잖아. **왜** 아직 여기 있어?

또 "Why?"는 이유를 묻거나 목적을 물을 때 사용하지만 "How come?"은 목적을 물을 때는 사용하지 않는다고 한다. 그러므로 "Why are you studying Greek(왜 그리스어를 공부하고 있는 거지)?"에 대해서 "Because I want to go to Greece"라고 대답하거나 또는

"To go to Greece(그리스에 가고 싶기 때문입니다)"라고 대답할 수도 있지만 "**How come** you studying Greek?"에 대해서는 "Because I want to go to Greece"라고 밖에 대답할 수 없다.

지금 바로 사용할 수 있는 구어 표현

· Not yet.

이 형태 그대로 많이 사용한다.

"Did you call the doctor?"

"*Not yet.*"

"의사는 불렀나?"

"*아직 안 불렀습니다.*"

· hit the beach

'바닷가에 간다'는 의미다. 'hit'를 사용한 구어 표현으로 'hit the road(그 자리를 떠나다, 여행을 가다)' 등도 있다.

I had to get up early, because I wanted to *hit the road* by 8:00.

나는 일찍 일어나야 했어, 왜냐하면 8시까지 (여행지로) 떠나고 싶었기 때문이야.

Somebody started firing a gun in the bar, so I thought I'd better *hit the road.*

바에서 총을 쏘기 시작한 놈이 있었다, 그래서 *나가는 것*이 좋다고 생각했다.

· take… off
'휴가를 내다' 라는 의미이다.

She *took* a few days *off* and flew to New York.
그녀는 며칠 휴가를 내서 뉴욕으로 날아갔습니다.

5 정중하게 '천만에요' 라고 말할 때는
My pleasure.

"Thanks for letting me know."
"*My pleasure.*"
"알려 줘서 고마워."
"*천만에.*"

1. "**My pleasure**"는 상대가 감사의 말을 했을 때 답하는 인사말로 '당신에게 도움이 되어 기쁘다'라는 마음이 담긴 정중한 표현이다.

"Thanks for the lunch," she said.

"My pleasure."

"점심 대접 감사합니다"라고 그녀가 말했다.

"**천만에요.**"

— L. Sanders, *Sullivan's Sting* (1990)

She turned to Joe.
"Thank you," she said politely.

"My pleasure," he said, equally polite.

그녀는 (시선을)죠에게 돌렸다.
"고맙습니다"라고 그녀는 정중하게 말했다.

"**천만에 말씀을**" 하고 그도 정중히 대답했다.

— H. Robbins, *The Storyteller* (1982)

2. 같은 뜻으로 "It is (will be) my pleasure"의 형으로 사용할 수도 있다.

"I want to thank you for taking care of Kemal the other morning. I really appreciate it." "It was my pleasure."	"다른 날 아침(얼마 전 아침)에, 케말을 돌봐주셔서 고맙습니다. 정말 고마워요." "제가 좋아서 한 일인걸요."

— S. Sheldon, The Sky Is Falling (2000)

"I have a few contacts there. Would you like me to speak to someone?" "That's very kind of you." "It will be my pleasure."	"거기에 아는 사람이 몇 명 있어요. 아는 사람에게 말해 드릴까요?" "감사합니다(친절하시네요)." "천만에 말씀이세요."

— S. Sheldon, The Sky Is Falling (2000)

3. 상대의 부탁을 흔쾌히 들어줄 때도 "My pleasure"를 사용한다.

"Can I buy you a drink?" She asked smiling. "A Pimm's would be lovely." "My pleasure."	"한 잔 사줄까?" 그녀는 물어보면서 미소를 지었다. "핌즈(칵테일)가 좋아." "알았어."

— S. Sheldon, Tell Me Your Dreams (1998)

4. 이밖에 "My pleasure"는 "It is my pleasure to meet you"와 같은 뜻으로 사용할 수 있다. '처음 뵙겠습니다'라는 의미로 정중한 표현이다.

"Glad to meet you, JeriLee," he said with a Western twang.
"**My pleasure,**" I said.

"처음 뵙겠습니다, 제릴리"하고 그는 서부 사투리가 섞인 영어로 말했다.
"**처음 뵙겠습니다**"하고 나도 말했다.

— H. Robbins, *The Lonely Lady* (1976)

영화의 한 장면

Cher : That was really decent of you to dance with Tai tonight.

Josh : **My pleasure.**

체르 : 네가 타이와 오늘 밤 춤을 춘 것은 정말 잘 어울렸다.

조슈 : **천만에.**

— 클루리스(*Clueless*, 1995)

네이티브는 이렇게 말한다

캐나다 네이티브는 "**My pleasure**"를 '천만에 말씀입니다'의 의미로 쓰려면 자신과 같은 입장에 있는 사람과의 대화라야 한다고 말했다. 윗사람이 아랫사람에게 사용하면 빈정대는 말이 된다는 것이다. 또 상대의 부탁을 들어줄 때 사용하는 "My pleasure"는 "Sure"보다 호의적인 표현이라고 한다. 하지만 영국 네이티브는 이런 의미의 "My pleasure"는 너무 딱딱하게 들린다고 한다.

지금 바로 사용할 수 있는 구어 표현

· I really appreciate it.
"Thank you" 등 감사를 나타내는 표현 다음에 이어서 사용하다.

"Thanks a lot for helping me. *I really appreciate it.*"
"No problem."
"도와줘서 감사합니다. *정말 고맙습니다.*"
"천만에."

· That's very kind of you.
"Thank you"보다 정중하고 약간 딱딱한 표현이다. 모르는 사람에게 많이 사용한다.

"Let us lend you a car and driver. There are lots of things to see in Hong Kong."
"*That's very kind of you.*"
"차와 운전기사를 빌려 드리죠. 홍콩에는 볼 만한 곳이 많이 있습니다."
"감사합니다 (*친절하시네요*)."

· Can I buy you a drink?

구어에서는 'buy'를 '한 턱 낸다'라는 의미로 많이 사용한다.

"I'd like to *buy* you lunch."

"점심 한 턱 낼게."

6 말을 끊고 싶을 때는 Never mind.

"What did you say?"
"Oh, *never mind*."

"뭐라고 했어?"

"(대수롭지 않으니까) *아니야, 됐어.*"

---

1. "**Never mind**"는 상대의 질문에 대답하지 않고 '(중요한 게 아니니까) 됐다' 며 대화를 일방적으로 일단락 짓고 화제를 바꾸는 뜻으로 많이 쓴다. 정중한 표현이라고는 할 수 없다.

"Huh?" he muttered thickly. "Did you say something, Lorraine?" **"Never mind."**	"어?"(하고) 그는 불분명하게 중얼거렸다. "뭐라고 했어, 로레인?" **"아니 됐어."**

— G. Gipe, *Back to the Future* (1985)

---

2. 또 이 표현은 자기 자신이 말하다가 도중에 그만두는 의미로도 사용한다. 이것도 정중한 표현은 아니다.

"Still… if neither of us took a salary… no, **never mind**."	"하지만… 우리 둘 다 봉급을 받지 않는다면… 아니야, **그만둘래** (말하지 않을래)."

" 'Never mind' – two of the most irritating words in the English language, as well you know."

" '그만둬래' – 영어에서 가장 비위에 거슬리는 두 단어일거야, 너도 알다시피."

— J. Krantz, *Till We Meet Again* (1986)

3. "Never mind"는 상대의 의사(신청)를 거절할 때도 사용한다. 이것은 "No, thank you"보다 정중한 표현으로 "mind"의 끝부분을 올려서 발음한다.

"I'm so glad you could come. Can I get you a bite?"
"Never mind, Mom. I stopped by for only a minute."

"와줘서 기뻐. 뭐 간단히 먹을 것 가져올까?"
"신경쓰지 마세요(됐어요), 엄마. 잠시 들린거에요."

— I. Wallace, *The R Document* (1976)

4. "Never mind"의 원래 뜻은 '(대수롭지 않으니까) 마음 쓰지 마' 라는 의미로 상대가 사과할 때 사용한다.

"Why do you have to be there?"
"Don't you remember? I told you this morning."
"I'm sorry—"
"Never mind. I'll tell you again."

"왜 거기에 있어야 하는 거지?"
"기억 못하는 거야? 오늘 아침에 너에게 말했잖아."
"미안해, 저어—"
"됐어. 다시 한 번 말할게."

— I. Wallace, *The R Document* (1976)

Elaine : She certainly doesn't need you. Some people even say you're holding her back.
Viktor : Who says that-? **Never mind.**

에레인 : 그녀는 틀림없이 당신을 필요로 하지 않아. 몇몇 사람은 (심지어) 네가 그녀를 방해하고 있다고 말하기조차 해.
빅터 : 누가 그런 말을-? **신경쓰지마(이제 됐어).**

— 시몬(*Simone*, 2002)

네이티브는 이렇게 말한다

아메리카 네이티브는 "Never mind"가 기본적으로 '당신이 지금 말한 것, 혹은 내가 지금 말한 것은 대수로운 것이 아니니까 마음 쓰지 않아도 된다'는 의미를 나타내는 것이라고 한다.

오스트레일리아 네이티브는 "Never mind"를 후회하는 마음을 나타낼 때 쓰며 "Thank you"의 대답으로는 사용하지 않는다고 한다.

"We've missed the train."

"**Never mind,** there's another one in ten minutes."

"전차를 놓쳐버렸어."

"**괜찮아,** 10분 있으면 또 올 테니까."

지금 바로 사용할 수 있는 구어 표현

· I'm so glad you could come.

만나서 바로 또는 헤어질 때 사용한다. 정중한 표현으로 여성들이 많이 쓴다.

I'm glad you could make it.

와 주셔서 기쁩니다.

· Can I get you a bite?

이 "Can I…?"는 '…할까요?' 라는 의미를 나타낸다.

Can I offer you something? Coffee, tea?

드실 것을 갖고 올까요? 커피, 차?

'…해도 좋습니까?' 라는 의미의 "Can I…?"와의 구별에 주의가 필요하다.

Can I have a cookie?

쿠키 먹어도 돼?

7 '그렇게 하세요' 하고 흔쾌히 들어줄 때는 Go ahead.

"May I start now?"
"Yes, *go ahead*."
"시작해도 되겠습니까?"
"네, *시작하세요.*"

1. "Go ahead"는 상대의 부탁을 흔쾌히 받아들이는 표현으로 '네, 어서'라는 의미로 사용한다. 명령형이지만 실례되는 표현은 아니다.

"Would you mind if I talked to some of your employees?" "Not at all. **Go ahead.**"	"종업원과 잠깐 이야기해도 될까요?" "상관없습니다. **이야기하세요.**"

— S. Sheldon, *Tell Me Your Dreams* (1998)

"Is it okay if I open the window, though? It's kind of stuffy in here." "**Go ahead.**"	"그렇지만, 창을 열어도 될까요? 이곳은 거의 통풍이 안 되네요." "네, 그렇게 하세요."

— N. Sparks, *Nights in Rodanthe* (2002)

2. 또 "Go ahead"는 상대방이 말을 시작하도록 재촉하는 경

우에도 사용한다.

"Ben, I know you're mad," Eric said.
"Just let me explain."
"Go right ahead," Ben said.
"That's what I'm waiting for."

"벤, 자네가 화가 난 것은 알아"
하고 에릭이 말했다.
"잠깐 내가 설명할께."
"그렇게 해" 하고 벤이 말했다.
"그 말이 내가 기다리고 있던 거야
(말이야)."

— B. Meltzer, *The Tenth Justice* (1997)

"I have something to tell you," Helene said.
"And I have something to tell you," he said.
"But **go ahead.**"

"너에게 할 말이 있는데" 하고 헬렌이 말했다.
"그리고 나도 할 말이 있어" 하고 그가 말했다.
"그럼 **네가 먼저 해.**"

— L. Sanders, *The Seventh Commandment* (1991)

3. 이밖에 **"Go ahead"**에는 '(엘리베이터 등에 탈 때)어서 먼저' '(음식 등을 권하면서)자, 어서' 등 상대에게 양보를 하거나 권유를 하는 의미도 있다.

네이티브는 이렇게 말한다

캐나다 네이티브는 상대가 허가를 구해 왔을 경우, 흔쾌히 받아들일 때는 "Sure"나 "No problem"과 짝지어 "Sure, go ahead"나 "No problem, go ahead"라고 말한다고 한다. 또 "Go ahead'를 빈정거리는 뜻으로 사용하는 경우도 있다고 한다. 「의뢰인(*The Client*, 1994)」이라는 영화를 보면 여자 변호사의 집에 끌려가다시피 따라간 주인공 소년이 "I'll hitchhike if I have to(히치하이크를 해서라도 돌아갈거야)"하고 말하는 장면이 있다. 여자 변호사는 빈정거리듯이 "Go ahead(좋을 대로)"하고 응수한다.

지금 바로 사용할 수 있는 구어 표현

· Would you mind if…?

'mind'를 사용한 표현에는 "Do you mind if I talk to some of

your employees?"라는 형태도 있으며 "Do you…?"의 형태를 많이 사용한다. 이 'mind'는 '걱정하다'라는 의미로 "Would (Do) you mind if…?"는 '(내가) ……을 하면 당신은 걱정 하겠는가'라는 의미다. 그러므로 상대가 말하고 있는 것을 받아들일 때는 "Yes"가 아니라 "No"라고 말해야 한다.

"*Do you mind if* I sit behind the wheel?" "*No. Go ahead.*"
"운전석에 앉아도 돼?" "좋아. 앉아."

"No"를 생략하고 직접 "Go ahead"라고 말하는 경우도 있다.

"*Do you mind if* I look around?" "*Go ahead.*"
"돌아봐도 되겠습니까?" "그러세요."

· It's kind of stuffy in here.

이 'kind of'는 '다소' '약간'이라는 의미를 나타낸다.

I'm *kind of* disappointed Grandma didn't come.
할머니가 오시지 않아서 약간 실망했습니다.

· shoot

'말을 시작해 주십시오'라는 의미의 명령문으로 스스럼없는 표현이다.

"I have a couple of questions for you." "Okay, *shoot.*"
"한두 가지 질문이 있습니다." "좋습니다, 말씀하세요."

8 '아무쪼록 좋을 대로' 하고 말할 때는 Help yourself.

"May I have some more bread?"
"*Help yourself.*"
"빵을 좀 더 주시겠습니까?"
"네, 그럼요."

1. '무엇이든 좋아하는 것을 갖다' 라는 것이 이 표현의 본래 의미인데 보통은 '음식 등을 스스로 가져다 먹는다', '음료수 등을 자유롭게 마시다' 라는 의미로 사용한다.

"May I have one of your cigarettes?"	"담배 한 가치 좀 주시겠습니까?"
"Help yourself."	"네, 그러죠."
"But I'm trying to stop smoking so I don't buy any."	"그러나 저도 담배를 끊는 중이라 사지 않았습니다."

— L. Sanders, *The Seventh Commandment* (1991)

"Do you have any booze here?"	"여기에는 술이 있니?"
"Behind the bar," I said.	"바 뒤에 있어"하고 나는 말했다.
"Help yourself."	"마음대로 마셔."

— H. Robbins, *The Inheritors* (1969)

2. 음식이나 음료수를 구체적으로 나타내고 싶을 때는 "Help yourself to…"의 형태로 사용한다.

"I'm sure you're thirsty. **Help yourself to** anything in the fridge."	"목이 마르죠, 냉장고에서 **뭐든 가져다 마셔요.**"

— S. Brown, The Crush (2002)

3. "Help yourself to…"는 음식이나 음료 이외의 경우에도 사용한다.

"Mind if I use your phone?" "Help yourself."	"전화를 써도 괜찮겠습니까?" "네, 그러세요."

— H. Robbins, The Lonely Lady (1976)

영화의 한 장면

[Clarence *walks back into the room with a whole bounty of take-out food. He heaps it on to the coffee table and starts to chow.*]

Clarence : **Help yourself.** I got enough. I am starving.

[클라렌스가 가져온 온갖 음식을 들고 방으로 걸어 돌아온다. 그는 커피 테이블에 그것을 쌓아놓고 먹기 시작한다.]

클라렌스 : **마음껏 들어.** 충분히 사왔으니까. 몹시 배고프다.

— 트루 로맨스(True Romance, 1993)

캐나다와 오스트레일리아 네이티브는 모두 "May I smoke here?"(여기서 담배를 피워도 됩니까?)의 응답으로 "Go ahead"나 "Sure" 혹은 "Be my guest"를 사용하지만 "Help yourself"는 사용하지 않는다고 한다. "Help yourself"는 "Can I borrow this dictionary?" "Help yourself"("이 사전 빌릴 수 있습니까?" "네, 그러세요")처럼 '어떤 물건을 제공할 때'에 사용하며 단지 허락을 할 때는 사용하지 않는다고 한다.

마지막 예인 "Mind if I use your phone?" "Help yourself"는 물건을 제공하지 않지만 물건의 '사용권'을 제공하고 있다고 생각하면 알기 쉬울 것이다. 다음의 예도 마찬가지로 '사용권'의 제공이라 할 수 있다.

"Okay if I sit here?"

"Help yourself."

"여기 앉아도 되겠습니까?"

"네, 그러세요."

지금 바로 사용할 수 있는 구어 표현

· May I have one of your cigarettes?

"May I…?"는 '……해도 되겠습니까?'라는 의미로 사용하는데 약간 딱딱한 표현이며, 스스럼없는 표현으로는 "Can I…?"가 있다.

May I see your license?

면허증 좀 보여주시겠습니까?

Hello, Frank, *can I* have a word with you?

야아, 프랭크, 잠깐 얘기할 수 있을까?

· Mind if?

"Do you mind if I use your phone…?"에서 "Do you"를 생략한 표현이다.

"*Mind if* I join you?"

"Not at all."

"함께 해도 *되겠습니까?*"

"네, 함께 해요."

· I am starving.

'starve'는 '굶어죽(이)다'라는 의미로 "I am starving"은 글자 그대로 '아사 직전이다'라는 의미를 나타낸다. 과장된 표현이지만 더 과장해서 "*I am starved*"(굶주렸어)라고 말하기도 한다.

"How hungry are you?"

"*I'm starved.*"

"얼마나 배가 고픈데?"

"*죽을 만큼 고파(굶주렸어).*"

9 '······은 어때?' 하고 가볍게 권유할 때는 How about···?

"*How about* going to a movie?"
"What's showing?"
"영화 보러 가는 거 *어때?*"
"(지금) 뭘 (상영)하고 있지?"

1. "How about···?"는 스스럼없는 표현으로 제안이나 권유를 나타내며 '······는 어때?'라는 의미로 사용한다. "about" 뒤에는 명사나 '~ing'가 온다.

"**How about dinner?** I know a place that gives the best crab in town."	"**저녁식사 어때?** 시내에서 게 요리를 제일 잘하는 가게를 알고 있어."
"Sounds great."	"좋아."

— N. Sparks, *Notebook* (1996)

"When can we go fishing again?"	"언제 또 낚시 갈 수 있어요?"
"**How about** Saturday if the weather holds?"	"날씨가 좋으면 토요일은 **어때?**"
"Cool!"	"좋아요!"

— L. Sanders, *Guilty Pleasures* (1998)

"Where do you eat breakfast?" I
asked.
"Don't usually."
"How about lunch and dinner?"

"어디에서 아침 식사하니?" 하
고 내가 물었다.
"평소에는 안 먹어."
"점심식사나 저녁식사는?"

— J. Grisham, *The Street Lawyer* (1998)

3. 이밖에 "How about you?"는 이미 화제가 된 것에 '당신의 경우는 어떻습니까?' 하고 묻는 용법으로도 쓸 수 있다. 많이 사용하는 표현이다.

"How are you?"
"I'm great. How about you?"

"요즘 어떠세요?"
"아주 좋습니다. 당신은요?"

— S. Sheldon, *Tell Me Your Dreams* (1998)

"Can I get you something to
drink?"
"No, thank you."

"뭐 마실 것 가져올까요?"
"아니, 됐습니다(고맙지만 사양하
겠습니다)."

"How about you, Brian?"
"No, I'm fine."

"당신은 어때요, 브라이언?"
"아니, 괜찮습니다."

— N. Sparks, *A bend in the Road* (2001)

영화의 한 장면

Clarence : **How about** you?

Alabama : **How about** me what?

Clarence : Tell me about yourself.

Alabama : There's nothing to tell.

클라렌스 : **넌 어때?**

알라바마 : **어때라니?** 뭐가?

클라렌스 : 너에 대해서 말해줘.

알라바마 : 얘기할 게 아무것도 없어.

— 트루 로맨스(*True Romance*, 1993)

네이티브는 이렇게 말한다

아메리카 네이티브는 권유나 제안을 나타낼 때 "**How about**…?"
가 "**Would you like**…?" 만큼 정중한 표현은 아니라고 한다.

> **Would you like** something to drink?
>
> **How about** a drink?
>
> 마실 것 좀 갖다 **드릴까요?**
>
> 마실 것은 **어때?**

또 "**What about**…?"도 "**How about**…?"와 용법이 같다고 한다.

"When would be convenient for you? **What about** tomorrow

afternoon?"

"All right."

"언제가 너에게 편하니? 내일 오후는 **어때?**"

"좋아."

하지만 "What about…?"보다 "How about…?" 쪽을 많이 사용한다고 한다.

오스트레일리아 네이티브는 가족이나 아주 친한 사람에게 "How about ~ing?"를 의뢰하는 의미로 사용하는 경우가 있다고 한다.

How about driving me to La Guadia?

나를 라가디아 공항까지 차로 **데려다 주는 것은 어때?**

지금 바로 사용할 수 있는 구어 표현

· Sounds great.

상대의 권유나 제안을 받아들일 때 사용한다. 보통 주어인 "It"이나 "That"을 생략해서 쓴다. "Sounds good"이라고 표현하기도 한다.

"How about going to Okinawa next spring?"

"*Sounds great.*"

"오는 봄에 오키나와에 가는 건 어때?"

"*좋아.*"

· Cool!

젊은이들이 쓰는 스스럼없는 표현으로 "Great" 또는 "Wonderful"

의 의미를 가지고 있다.

"I'm thinking of studying abroad."

"Really? *Cool.*"

"유학을 생각하고 있어."

"정말? *대단하다.*"

· I'm fine.

만족하고 있다는 것을 나타내며 신청(의사표시) 등을 거절할 때도 사용한다. 이 말은 "Fine"이라고 줄여서도 쓰며 레스토랑 등에서 많이 사용한다.

"Is everything all right?"

"*Fine.* Everything is fine."

"모두 좋았습니까?"

"*좋았습니다.* 모두 좋았습니다."

10 부정의 말을 받아 이유를 되물을 때는 Why not?

"I haven't done my homework yet."

"*Why not?*"

"아직 숙제가 끝나지 않았어."

"왜 *(끝내지 못했니)?*"

1. "**Why not?**"은 상대가 부정의 말을 했을 경우 왜 그런지 반문할 때 사용한다. 이때는 어미를 올려서 발음하는 것이 보통이다.

"You married?"	"결혼했어?"
"No."	"아니."
"Ever?"	"(결혼) 한 적 없어?"
"Nope."	"응."
"**Why not?** You're sure cute e- nough."	"**왜** (결혼) 하지 않았니? 아주 매 력적인데."
"Thanks."	"(말이라도) 고마워."

— S. Brown, *The Crush* (2002)

"Are you going?"	"(동창회에는) 갈 거야?"
"Certainly not."	"절대로 안 갈 거야."
It came out stronger than Ashley	애슐리가 생각 (의도) 했던 것보

had intended.

"**Why not?** Those things can be fun."

다 더 강한 말투였다.

"**왜 안가?** (동창회에) 가면 재미있을 것 같은데."

— S. Sheldon, *Tell Me Your Dreams* (1998)

2. 또 이 표현은 상대가 권유나 의뢰를 해오거나 허가를 구해 온 경우에 동의를 나타내는 의미로 사용한다. 스스럼없는 표현으로 어미를 내려서 발음하는 것이 보통이다. "**Sure, why not?**(↘)"의 형태로 많이 사용한다.

"Would you mind giving me that license number?"

"**Sure, why not?**"

He wrote the number down on a piece of paper and handed it to Robert.

"그 번호를 알려 주시겠습니까?"

"**네, 왜 안 알려 드리겠습니까 (좋습니다)?**"

그는 종이에 번호를 적어서 로버트에게 건네주었다.

— S. Sheldon, *The Doomsday Conspiracy* (1991)

"Would you like the radio on, sir?" the driver asked.

"**Sure, why not,**" Raymond said.

"라디오를 켜 드릴까요?" 하고 운전기사가 말했다.

"**네, 좋아요**" 하고 레이몬드가 대답했다.

— R. Cook, *Chromosome 6* (1997)

Constanze : Wolfi, who gave you this [= a lot of money]?

Mozart : I'm not telling you.

Constanze : **Why not?**

콘스탄체 : 볼피, 누가, 너에게 이것(큰 돈)을 주었니?

모짜르트 : 너에게 말하지 않을래.

콘스탄체 : **왜 말하지 않니?**

— 아마데우스(*Amadeus*, 1984)

네이티브는 이렇게 말한다

많은 사람들이 "Why not?"을 '왜 안 되는 거지?' '왜 하지 않는 거지?' 라는 의미로 사용한다. 오스트레일리아와 영국 네이티브에 의하면 이 경우 "Why"를 강하게 발음하면 무뚝뚝하고 무례하게 들린다고 한다. 본문에 쓰여 있듯이 앞에 부정의 말이 있으면 "Why not?"하고 말하는 것이 보통이지만 "Why?"라고도 말할 수 있다.

"Don't answer the door!"

"Why?"

"현관에 나가지마!"

"왜?"

지금 바로 사용할 수 있는 구어 표현

· **Nope** ((cf) Yep)

스스럼없는 표현으로 "No"를 나타낸다.

"Hungry?"

"*Nope*, I just ate."

"배고파?"

"*아니*, 방금 먹었어."

· **You're sure cute enough.**

이 'sure'는 'surely'의 의미로 미국 특유의 표현이다.

It *sure* is hot out here.

여기는 밖에 나가면 *분명히* 덥다.

· **Certainly not.**

"I certainly am not going"의 'certainly'와 'not'만을 이용한 표현이다. 강한 표현이기 때문에 사용할 때 주의해야 한다.

"Did you take any money out of my wallet?"

"*Certainly not!*"

"네가 내 지갑에서 돈을 꺼냈니?"

"*절대 그러지 않았어!*"

· **Would you mind giving me that license number?**

"Would you mind ~ing?"는 남에게 무언가를 부탁할 때 쓰는 정중한 표현이다.

Would you mind waiting here a minute?

여기서 잠깐 기다려 주시겠습니까?

여기서 'mind'는 '걱정하다(마음에 두다)'라는 의미이기 때문에 긍정의 의미일 때는 "Yes"가 아니라 "No"라고 말해야 한다.

"*Would you mind giving* me a lift into Kobe?"

"Not at all. Get in."

"고베까지 차를 *태워주시겠습니까?*"

"좋습니다. 타십시오."

다만 본문처럼 "No"를 생략하고 직접 동의를 나타내는 표현으로 대답하는 경우도 있다. 또 "Do you mind ~ing?"의 형도 있지만 "Would you mind ~ing?" 쪽을 훨씬 더 많이 사용한다.

11 예상보다 좋았을 때는
Not bad.

"How was your flight?"
"*Not bad.*"
"비행기여행, 어땠니?"
"*나쁘지는 않았어.*"

1. "**Not bad**"는 예상하고 있던 것보다 좋았을 때 '나쁘지 않다' '그저 그렇다'라는 의미로 사용한다. 흔히 "**How**"로 시작되는 의문문에 대한 대답으로 사용한다.

He lifted the surfboard from the roof carefully.
"How's the surf?"
"**Not bad**," she said.

그는 차 지붕에서 조심스럽게 서프보드를 들어올렸다.
"파도는 어땠어?"
"**나쁘지 않았어**"하고 그녀가 말했다.

— H. Robbins, *Goodbye, Janette* (1981)

"You're back." He gave her a hug.
"Hello darling. I've missed you. How was school?"
"**Not bad.**"
"How was your trip?"

"다녀왔습니다"하며 그는 그녀(어머니)를 껴안았다.
"잘 다녀왔니. 네가 없어 쓸쓸했단다. 학교는 어땠니?"
"**나쁘지는 않았어요.**"
"여행은 어땠니?"

"It was fine."

"그건 좋았어요."

— S. Sheldon, *The Sky Is Falling* (2000)

"Not bad, eh?" Melanie said, as she grabbed the mooring line and pulled the boat to the dock.

"It's bigger than I expected," Kevin said.

"나쁘지 않지, 어때?" 하고 멜라니가 말했다, 계류용 로프를 잡고 보트를 부두로 끌어당기면서.

"생각했던 것보다 크구나" 하고 케빈이 말했다.

— R. Cook, *Chromosome 6* (1997)

2. "Not bad"는 인사의 응답으로도 사용한다.

"How are things?"
"Not bad," she answered.

"You've lost weight, Luis."
"Yes," he acknowledged.

"어떻게 지내고 있니?"
"나쁘지는 않아"라며 그녀가 대답했다.

"여위었구나, 루이스."
"응" 하고 그가 인정했다.

— E. Segal, *Doctors* (1988)

3. "Not"과 "bad" 사이에 단어를 덧붙여서 "Not so bad" 또는 "Not too bad"라고 말하는 경우도 있다.

네이티브는 이렇게 말한다

"Not bad"는 보통 '나쁘지는 않아(그럭저럭, 그저그래)' 라는 의미를 나타내는데 아메리카 네이티브는 이 의미에서는 "Not"을 강하게 발음한다고 한다. 반대로 "bad"를 강하게 발음하면 "very good"의 의미가 된다고 한다. "very good"의 의미로 발음에 관계없이 "Not bad at all"이나 "Not half bad"도 사용한다.

"How do you like that new car of yours?"

"Not bad. **Not bad at all.**"

"네 새 차는 어때?"

"좋아요, **정말 좋아요.**"

"Wow! What's this?"

"My new sound system. How do you like it?"

"Not bad. **Not half bad.**"

"와우! 이게 뭐야?"

"내 새 음향 시스템이야. 어때?"

"좋아, **아주 좋아.**"

지금 바로 사용할 수 있는 구어 표현

· darling, honey

애정을 담아 부르는 말로 '애칭(terms of endearment)'이라 한다. 연인
사이나 부부간에 쓰며 남자가 여자에게 사용하는 일이 많다. 부모가 아이
를 부를 때 사용하기도 하지만 아버지가 아들에게 사용하는 일은 없다.
특별한 경우를 제외하고 남자끼리 애칭을 사용해서 부르는 일도 없다.

· I've missed you.

이 "miss"는 '······가 없어 쓸쓸하다, 그리워하다'는 의미를 나타낸
다. 얼마 동안 만날 수 없는 사람과 헤어질 때는 흔히 "I'll miss
you" 또는 "I'm going to miss you."(쓸쓸해지겠구나, 몹시 보고 싶을
거다)라고 말한다.

· How are things?

"How are you?"와 거의 같은 의미의 인사말이다. 그밖에 How
are you doing? / How have you been? / How is it going? 등

이 있다. 이 중, "How have you been?"은 한동안 만나지 못한 사
람에게 사용한다.

"*How have you been?*"

"Just wonderful, thank you."

"*어떻게 지냈니?*"

"정말 잘 지냈어, 고마워."

12 애매하게 표현을 하고 싶을 때는
kind of/sort of

"I *sort of* like him, but I don't know why."
"Everybody likes him."
"내가 그를 좀 좋아하는 것 같지만, 이유를 모르겠어."
"모두 그를 좋아해."

1. "kind of" 와 "sort of"는 똑같이 '다소' '약간'의 의미를 나타낸다. 분명하게 말할 수 없거나 말하고 싶지 않을 때 사용한다. "kind of"는 아메리카 영어에서 많이 사용한다.

"Hey, <u>Dad</u>?"	"저기, <u>아빠</u>?"
"Yeah?"	"왜 그러니?"
"I'm getting **kind of** hungry."	"배가 **약간** 고파지는 것 같아."
"What do you want to eat?"	"뭘 먹고 싶은데?"
"Can we go to McDonald's?"	"우리 맥도널드에 갈래요?"
"Sure."	"좋아."

— N. Sparks, *A Bend in the Road* (2001)

"Uh — could I take your coat?"	"저어, 코트 받아드릴까요?"
"No, thanks, It's **kind of** cold in here."	"아니, 괜찮아요, 여기는 **약간** 추운 것 같네요."
"Oh yeah."	"아, 그렇군요."

"Not bad. I like fresh air. You know, it **sort of** keeps your head clear."

"나쁘지는 않아요. 저는 신선한 공기를 좋아해요. 뭐랄까, 신선한 공기가 머리를 **조금** 맑게 해 주거든요."

— E. Segal, *The Class* (1985)

2. 이 두 표현(kind of와 sort of)을 단독으로 쓰면 '말하자면 그렇다' 라는 뜻을 가지고 있다. 그때는 "**Sort of**" 쪽을 더 많이 사용한다.

"Did you get sick this summer?" Gail looked genuinely worried.
"**Sort of.**" She said vaguely, trying to avoid Gail's eyes.

"올 여름에 아팠니?" 하고 게일은 정말 걱정스럽게 바라보았다.

"**말하자면 그런 셈이죠.**" 그녀는 애매하게 말하면서, 게일의 눈을 피하였다.

— D. Steel, *Bittersweet* (1999)

And that was when Julia called.
"Hi, What're you doing?"
She must have heard the baby screaming.
"Paying the pediatrician."

"Bad time?"

그때 쥴리아에게서 전화가 걸려왔다.
"여보세요, 뭐하고 있어?"
그녀가 아기 울음 소리를 들었음이 틀림없었다.
"소아과에서 돈을 지불하는 중이야."

"전화 받기 곤란한가봐?"

"Kind of." | "말하자면 그래."

— M. Crichton, *Prey* (2002)

영화의 한 장면

Harry : So, baby, you're rich?

His girlfriend : Well, my mother is. **Sort of.** I mean not really.

해리 : 그래, 넌 부자구나?

그의 여자친구 : 음-,우리 엄마가(부자야). **말하자면 그래,** 내가 정말 부자는 아니야.

— 사랑할 때 버려야 할 아까운 것들(*Something's Gotta Give*, 2003)

네이티브는 이렇게 말한다

영국 네이티브에 의하면 영국 아이들이 "kind of"나 "sort of"를 자주 사용하기 때문에 부모에게 "**Say what you mean**(분명히 말해)"하고 꾸지람을 듣는다고 한다. 다음은 어머니와 아이의 대화다.

"Bobby, did you clean your room?"

"Yeah, Mom. **Sort of.**"

"What do you mean, **sort of?**"

"보비, 방은 청소했니?"

"네, 엄마. **하긴 했어.**"

"**하긴 했다**는 말이 무슨 말이니?"

지금 바로 사용할 수 있는 구어 표현

· Dad

본래는 아이들이 아버지를 부를 때 사용하는 말인데 어른도 쓰는 경우가 있다. 영화 「코요테 어글리(*Coyote Ugly*, 2003)」에서 성인이 된 여주인공이 아버지를 몇 번이고 "Dad"라 부르는 장면이 있다. 어머니는 "Mom(아메리카 영어)" 또는 "Mum(영국 영어)"이라고 부르지만 어른이 아버지나 어머니에게 y로 끝나는 "Daddy"나 "Mommy"를 사용하는 일은 거의 없다. 하지만 젊은 여성이 아버지를 "Daddy"라고 부르는 경우는 있다.

· You know

이것은 다음에 말할 것을 생각하기 위해 있는 말로, 특별한 의미는 없다. 지나치게 사용하지 않도록 주의해야 한다.

I sort of keep asking myself, *you know*, if only Karen hadn't married George, what might have happened.

나는 나 자신에게 묻고 있는 거야, *뭐라할까*, 만약 카렌이 죠지와 결혼하지만 않았다면, 어떻게 됐을까 하고 말이야.

· Bad time?

"Am I catching you at a bad time?"의 줄임말이다. 전화를 걸었을 때 상대의 사정을 묻는 표현으로 많이 사용한다.

"Hi, Jane. This is Bill. *Am I catching you at a bad time?*"

"No, not at all."

"여보세요, 제인. 빌이야. 지금 괜찮아(전화받기 곤란할 때 전화 건 거니)?"

"응, 괜찮아."

13 No를 강조해서 말하고 싶을 때는 No way.

"Dad, can I have the car tonight?"
"No way!"
"아빠, 오늘 밤 차 써도 돼?"
"안돼!"

1. **"No way"**는 비교적 최근 표현이며 **"No"**를 강조한 표현으로 '당치 않다' '안돼' '싫다' 등의 의미로 사용한다. 스스럼없는 표현이기 때문에 윗사람을 대할 때나 격식을 차려야 하는 자리에서는 사용하지 않는다. 읽을 때는 **"way"**를 강하게 발음한다.

"Let's find out more about this sixteen-year-old chick," Angelo said.
"Like, where she goes to school, what she likes to do, and who are her friends. We can't risk going up to the house. **No way.**"

"이 16세 여자아이에 대해서 좀 더 알아 보자"하고 안젤로가 말했다.
"있잖아, 어느 학교에 다니고 무엇을 좋아하는지, 그리고 누가 그녀의 친구인지를. 우리는 집까지 찾아가는 위험을 감수할 순 없어. **절대로.**"

— M. Crichton, *Prey* (2002)

2. "No way"를 상대방의 말에 대답하는 형태로 사용하기도 한다.

"Some day you'll find some-
one worthy of you."
"No way, Barney. I'm conv-
inced I'm a born loser."

"언젠가 네게 어울리는 사람을 발견
할 거야."
"절대로 찾을 수 없어, 바니. 난 (여
자에 관해서는) 태어나면서부터 실패
자라고 확신해."

— E. Segal, *Doctors* (1988)

3. 또 "No way"는 다른 사람의 의견에 강하게 반대할 때 '절대로 그런 일은 없다' '아니다' 라는 의미로도 사용한다.

Siddley was pale.
"What the hell is this? An
earthquake?"
His hands gripped the table
tightly.
"No way," Daniel said.

(폭발음을 듣고) 시들리는 창백해졌다.
"도대체 이게 뭐지? 지진?"

그의 두 손은 테이블을 꼭 잡고 있
었다.
"절대로 아냐" 하고 다니엘이 말했다.

— H. Robbins, *The Piranhas* (1986)

"We need an autopsy."
"You're joking." He gaped
at her.
"No way. You think I'd joke

"검시가 필요해."
"농담하는 거지." 그는 입을 벌리고
멍하니 그녀를 바라보았다.
"절대로 아냐. 내가 이럴 때 농담이

about something like this?" | 나 할 거라고 생각해?"

— A. D. Foster, *Alien 3* (1992)

영화의 한 장면

Melissa : Can you drop me off before you go?
Ace : (*shaking his head*) **No way.** It may not be safe at your apartment, and you shouldn't be left alone.

멜리사 : 도중에 나를 내려 줄 수 있어?
에이스 : (*머리를 흔들며*) **절대로 안돼.** 네 아파트는 안전하지 않을수도 있으니까, 너를 혼자 둘 수 없어.

— 에이스 벤츄라(*Ace Ventura*, 1994)

네이티브는 이렇게 말한다

영국에서는 "No way"가 아니라 단순히 "No"로 같은 의미를 나타내는 경우가 많다고 말한다. 또 이것은 친구끼리 사용하는 스스럼없는 표현으로, 예의를 갖춰야 하는 자리에서는 쓸 수 없다고 말한다.
아메리카 네이티브에 의하면 "No way"는 놀랐을 때 '설마' 라는 의미로도 사용한다고 한다.

"What time is it?"

"It is eleven."

"Is it? **No way.** It can't be."

"몇 시야?"

"11시."

"그래(11시야)? **설마.** 그럴리가 없어."

지금 바로 사용할 수 있는 구어 표현

· Like

"For example" 또는 무의식적, 습관적으로 "저- 있잖아, 음-"과
같이 특별한 의미없이 사용하는 구어적인 표현이다.

And then I realized, all my friends were really good in
different ways. *Like*, Christian, he is really fun to be with.

그리고 나서 깨달은 거야, 내 모든 친구는 다른 의미로 좋은 친구
들이라는 것을. 음-, 크리스천, 그와 함께 있으면 아주 재미있어.

· What the hell is this?

'what, where, why, how' 등의 뒤에 'the hell'이 와서 놀라움이
나 분노를 나타내는 경우가 있다. 특히 "What the hell…?"의 형으로
많이 사용한다. 정중한 표현이 아니기 때문에 사용에 주의가 필요하다.

What the hell has it got to do with you?

Mind your own business!

도대체 그게 너와 무슨 관계가 있다는 거야?

참견마!

'The hell' 대신에 'on earth'나 'in the world'를 사용하는 경우

도 있다. 이 두 가지는 사용해도 그다지 실례가 되지 않는다.

What *on earth[=in the world]* are you doing?

도대체 뭘 하고 있는 거야?

14 '무슨 일이 있어도 …해야 한다' 고 할 때는 have got to

"I've got to go to the bathroom."
"It's the second door on the left."

"화장실에 가고 싶어."
"왼쪽 두 번째 문 있는 곳에 있어."

1. "have got to"는 "have to" '…해야 한다'와 거의 같은 의미지만 '아무래도 …해야 한다'처럼 보다 긴급한 경우에 많이 사용한다.

형태로 쓸 경우 흔히 "I have got to go"는 "I've got to go"처럼 단축형으로 사용한다. 또 이 've'가 생략되어 "I got to go"가 되는 경우도 있다. 이밖에 "got to"가 한 단어처럼 발음되어 "I've gotta go"나 "I gotta go"처럼 붙여 쓰는 경우도 있다.

"You **got to** quit that night work, Gracie. It doesn't agree with you."
"I'm fine."

"밤에 근무하러 가는 건 **그만둬라,** 그레이시. 네게 맞지 않아."

"나는 만족하고 있어."

— N. Roberts, *Rising Tides* (1998)

"Look, you've **gotta** help me," he said suddenly.

"있잖아, 니가 나를 **도와줘야만 해**"하고 그가 갑자기 말했다.

"I want to ask Lorraine out, but I don't know how to do it."

"로레인에게 데이트 신청하고 싶지만, 어떻게 해야 할지 모르겠어."

— G. Gipe, *Back to the Future* (1985)

He looked at his watch.
"Huh. **I gotta go.** Late for my lunch."

그는 시계를 보았다.
"아. (이제) **가야 해.** 점심약속에 늦었어."

— D. Baldacci, *Absolute Power* (1995)

---

2. 또 "**have got to**"는 '···임이 틀림없다'라는 의미로도 사용하는데 이때 동사는 보통 '**be**'가 된다. 개중에는 "**You've got to be kidding**"이나 "**You've got to be joking**(농담이지)"라는 뜻으로도 쓰인다.

"To the film," Vincent said, raising his glass of champagne.
"And you're going to be in it," Vincent said to me.
"The second lead next to Carla Maria."
"**You've got to be joking.**"

"영화를 위해"라고 빈센트가 말하면서, 샴페인이 든 글라스를 들어 올렸다.
"자네도 출연하는 거야"하고 빈센트가 내게 말했다.
"칼라 마리아 다음 가는 주연으로 말이야."
"**농담하고 있네.**"

— H. Robbins, *The Lonely Lady* (1976)

"Maybe the two killings aren't connected."

"아마 이 두 살인에는 관련성이 없을 거야."

"Come on, Mike. The two victims were old friends and worked for the same company. There's **got to be** a connection."

"이봐, 마이크. 두 피해자는 오랜 친구이고 같은 회사에서 근무했어. **틀림없이 관계가 있어.**"

— L. Sanders, *The Seventh Commandment* (1991)

영화의 한 장면

The President : We can't worry about everything right now. We**'ve got to** figure out what we're going to do before we worry about how we do it.

미국 대통령 : 지금은 모든 것을 걱정할 수 없다. 어떻게 할 것인가를 걱정하기 전에 무엇을 할 것인가를 **생각해 내야만 한다.**

— D–13 (*13 Days*, 2000)

네이티브는 이렇게 말한다

영국과 오스트레일리아 네이티브에 의하면 "have got to" 중에서도 "I've got to run"은 말을 끊을 때 사용하는 어구로 전화 통화를 하거나 만나서 대화할 때 많이 사용한다고 한다. 예를 들면 쇼핑 중 우연히 아는 사람을 만난 경우에 잠깐 대화를 나눈 후, 다음과 같이 말을 끊는 것이다.

Any way, **I've got to run.** I have to get my shopping

finished and get home by four.

아무튼, 바빠서 **가보겠습니다.** 쇼핑 마치고 4시까지 집에 가야 합니다.

지금 바로 사용할 수 있는 구어 표현

· Look

상대의 주의를 끌기 위해 사용하는 표현이다. 초조한 기분을 나타 낼 때 쓰기도 한다.

Look, if you've got something to say, just say it.

있잖아, 하고 싶은 말이 있으면, 분명하게 말해.

· To the film

건배할 때 사용하는 표현이다. 앞에 'Here's' 가 생략되어 있다.

Here's to the happy couple.

행복한 두 사람(부부)에게 *건배*.

· Come on

이 "Come on"은 가벼운 항의를 나타내고 있다.

"She's jealous of you."

"Oh, *come on*, don't be ridiculous."

"그녀는 당신을 질투하는 *거야*."

"어이, *이봐*, 그런 바보 같은 소리하지 마."

15 '진심이다' 라고 말하고 싶을 때는 I mean it.

"Thank you. I appreciate your help. *I mean it.*"
"It's okay."

"감사합니다. 도와주셔서 고맙습니다. *진심입니다.*"
"됐어요."

1. 이 표현은 농담이나 과장 혹은 빈말이 아니라 '진심으로 말하고 있는 것이다' 라는 뜻을 나타낸다. 'it' 대신에 'that' 을 써도 되며 의문문에서도 많이 사용한다.

"I know what our future is," I said.
"We'll get married, just like everybody else."
"Do you mean that?"
"Of course **I mean it,**" I said.

"우리의 미래가 어떻게 될지 알아" 하고 내가 말했다.
"우리는 결혼할 거야, 다른 사람들처럼."
"진심이야?"
"물론 진심이지" 하고 나는 대답했다.

— H. Robbins, *The Piranhas* (1986)

"That bank has just approved your loan." Lara let out a shriek.

"은행이 막 너의 대출을 승인했대." 라라는 비명을 질렀다.

"**Do you mean it?** That's wond— erful."

"**진짜야?** 참 잘됐다."

— S. Sheldon, *The Stars Shine Down* (1992)

"You look just terrific, you know that?"
"Thanks."
"**I mean it,** you really do. I'll bet you've lost fifteen pounds since I saw you."

"정말 좋아 보인다, 알고 있니?"
"고마워."
"**진심이야,** 정말 좋아 보여. 내가 너를 만난 이래로 네가 15파운드[=6킬로그램] (살이) 빠졌다고 확신한다."

— J. Guest, *Second Heaven* (1982)

"You make me feel different."

She touched his arm and looked into his eyes.
"You make me feel wonderful."
"Come on."
"**I mean it.**"

"당신과 있으면 평소와 다른 느낌이 들어요."
그녀는 그의 팔을 만지며 그의 눈을 들여다 보았다.
"당신과 있으면 정말 즐거워요."
"그만두라니까."
"**정말이에요.**"

— J. Guest, *Second Heaven* (1982)

77

[에마는 병원 침대에 누워 있다.]

Patsy : Emma. Come to New York for a visit. <u>My treat.</u>

Emma : Great.

Patsy : **I mean it!** You have time before you see the doctor. Come see New York for a few days.

Aurora : It's not a bad idea, a vacation by yourself.

파치 : 에마, 뉴욕 구경 오는 거 어때. <u>내가 한턱낼게.</u>

에마 : 좋아.

파치 : **진담이야!** 진찰받기 전에 시간이 있잖아. 와서 며칠 동안 뉴욕을 돌아봐.

오로라 : 그거 나쁘지 않은 생각이다, 혼자만의 휴가.

— 애정의 조건(*Terms of Endearment*, 1983)

네이티브는 이렇게 말한다

영국 네이티브에 의하면 아이가 어머니의 말을 한 번에 듣지 않을 때 어머니가 흔히 "I mean it"이라고 말한다고 한다.

If you don't stop shouting, I'll slap you. **I mean it.** Stop it!

소리치는 것을 그치지 않으면, 때려준다. **진짜야,** 그만둬!

아메리카 네이티브는 이 표현을 이제부터 하는 말이 빈말이 아니라는 것을 나타낼 때 사용한다고 한다.

I mean it. The dress looks fabulous on you.

진짜야. 그 드레스 너에게 정말 잘 어울려.

지금 바로 사용할 수 있는 구어 표현

· terrific

스스럼없는 표현으로 'very good'의 의미를 나타낸다. 많이 사용하는 표현이다.

Your dress looks *terrific!*

드레스 멋지다!

다음과 같이 한 마디로 사용하는 경우도 있다.

"How are rehearsals going?"

"*Terrific.*"

"리허설 진행은 어때?"

"*매우 좋아.*"

· I'll bet

"I'm sure"의 스스럼없는 표현이다. 'bet'는 '내기'라는 의미라 '내기해도 좋을 정도로 확신이 있다'라는 뜻이 된다.

I'll bet you could help me.

네가 나를 도울 수 있다고 확신해.

"I bet"라고 말할 때도 있다.

· My treat

'내가 대접하다' 라는 의미다.

Let's go out for lunch - *my treat.*

점심 먹으러 갑시다. 내가 한턱낼게요.

"This is my treat(on me)"라고도 말한다.

· fabulous

스스럼없는 표현으로 '믿을 수 없을 정도로 멋지다' 라는 의미로 많이 사용한다.

We had a *fabulous* trip!

더 없이 즐거운 (믿을 수 없을 정도로 멋진) 여행이었어!

You look just delicious.
I mean it.

!!!!!!

16 이치에 맞지 않는 말을 한 상대를 나무랄 때는 Don't be silly.

"Shall we go for a walk?"
"*Don't be silly*, it's dark."

"산책하러 갈까?"
"*바보 같은 소리하지마, 어둡잖아.*"

1. "**Don't be silly**"는 '바보 같은 소리하지 마' 라는 의미로 사용하는데 강한 말투로 말할 때와 가벼운 기분으로 웃으면서 말할 때가 있다.

"Look Mother! The statue is crying."	"어머니, 봐요! 동상이 울고 있어요."
"**Don't be silly.** Statues can't cry."	"**바보 같은 소리하지 마.** 동상은 울지 않아."
"But it is!"	"하지만 울잖아요!"
"That's ridiculous."	"그건 터무니없는 소리야."

— S. Sheldon, *Adventures of Drippy* (1995)

"I've thought about it many times in the past week. I'd <u>rather</u> pull the trigger <u>than</u> humiliate my family."	"지난주에 몇 번이나 그것(자살)을 생각했어. 가족에게 굴욕을 주는 <u>것</u>보다는 방아쇠를 당기는 <u>것</u>이 더 낫다."

"Don't be silly," she said.

"바보 같은 소리하지 마"라고 그녀가 말했다.

— J. Grisham, *Runaway Jury* (1996)

"I got older and heavier, but you have found the fountain of youth."
"Don't be silly." She laughed.

"나는 나이 들면서 살쪘지만, 너는 청춘의 샘을 발견했구나."
"바보 같은 소리하지 마." 그녀는 웃었다.

— H. Robbins, *The Piranhas* (1986)

2. 또 "Don't be silly"는 친한 상대가 고마워하거나 사과하거나 혹은 쓸데없이 마음을 쓴 경우에 '사양하지 마' '남 대하듯 하지 마' '그런 소리 하지도 마' 등의 의미로 사용하기도 한다.

"Sorry about this," Laurie said to Mike.
"Don't be silly," Mike responded.

"미안해" 하고 로리가 마이크에게 말했다.
"그런 소리 하지도 마" 하고 마이크가 대답했다.

— R. Cook, *Marker* (2005)

Lauren looked at her.
"You really don't have to do anything. I'm happy just to be here."
"Don't be silly," Janette said

로렌은 그녀 쪽을 보았다.
"(파티를 열어줄 모양이지만) 너는 정말 아무것도 할 필요가 없어. 여기 있는 것만으로도 행복해."
"바보같은 소리 하지도 마(사양할

with a smile.

것 없어"하고 자네트가 미소 지으
며 말했다.

— H. Robbins, *Goodbye, Janette* (1981)

영화의 한 장면

Sally : I really want to thank you for taking me out tonight.
Harry : Oh, **don't be silly.** And next year, if neither of us is with somebody, you've got a date.
Sally : Deal.

샐리 : 오늘 밤 나와 같이 외출해줘서(함께 식사한 것) 정말 고마워.
해리 : 아, **바보같은 소리 하지도 마**(남 대하듯 말하지 마). 내년에, 우리 둘 다 애인이 없다 하더라도, 너는 데이트 상대가 (여기에)있잖아.
샐리 : 알았어.

— 해리가 샐리를 만났을 때(*When Harry Met Sally…*, 1989)

네이티브는 이렇게 말한다

아메리카 네이티브는 "**Don't be silly**"를 '바보 같은 소리하지 마'라는 의미로 가볍게 웃으면서 말한다고 한다. 더불어 이 표현은 상대가 농담하면서 장난치는 등 진지한 맛이 없다고 느낄 때 쓴다고 한다. 때문에 아이나 아주 친한 친구에게 사용하는 것이라면 문제가 없지만 그렇지 않으면 상당히 실례된 표현이 된다고 한다. 마찬가지로 영국 네이티브도 "Don't be silly"는 윗사람에게 사용하지 않는다고 한다.

지금 바로 사용할 수 있는 구어 표현

· I'd rather pull the trigger than humiliate my family.

"d rather [would rather] A than B'로 'B보다 A가 더 낫다(좋다)'라는 의미를 나타낸다.

I'd rather play tennis than swim.

수영보다 테니스를 하는 것이 더 낫다.

'than B'를 생략해서 쓰기도 한다.

"How about a drink?"

"I'd rather have something to eat."

"음료수 어떠세요?"

"저는 식사가 될 만한 것이 더 좋아요."

· Deal

"It's a deal"의 준말로 무언가를 하는데 있어 "그렇게 하자"라는 찬성의 표현이다.

"I'll give you $100 for it."

"It's a deal."

"그것에 100달러 줄게."

"그렇게 하자."

다음은 의문문으로 활용할 때의 예문이다.

You brew the coffee in the morning and I'll take care of the dinners? *Deal?*

아침에 네가 커피를 끓였으니까 저녁은 내가 할까? *그러면 되지?*

17 평상시와 달라 보이는 사람에게 "무슨 일이야?" 하고 물을 때는 What's the matter?

"You gotta help me."
"What's the matter?"
"도와줘."
"무슨 일이야?"

1. 이 표현은 상대의 기색이 안 좋아 보일 때 '무슨 일이야?' '컨디션이 안 좋아?' 하고 묻는 표현이다. 스스럼없는 말이기 때문에 윗사람에게는 조심해서 써야 한다.

"Hello?" he said. "Steve?" His mother. In tears. "Mom?" he said. **"What's the matter?"**	"여보세요?" 하고 그가 말했다. "스티브?" 그의 어머니였다. 울고 계셨다. "어머니?" 하고 그는 말했다. **"무슨 일 있어요?"**

— E. Mcbain, *Kiss* (1992)

"What's the matter?" Ron asked. "You look pale." "I feel great," Catherine said, recklessly.	**"무슨 일이야?"** 하고 론이 물었다. "창백해 보인다." "괜찮아" 하고 캐서린은 태연하게 말했다.

— S. Sheldon, *The Other Side of Midnight* (1974)

"What's the matter?" he asked.
"She can't ride."
Chad stared at me.
"You can't ride?"
I shook my head.
"I've never even been on a horse."
"Holy shit!" Chad exploded.

"무슨 일이야?" 하고 그(영화감독 차드)가 물었다.
"이 사람(여배우)은 말을 탈 수 없대요."
차드가 나(여배우)를 빤히 보았다.
"말을 탈 수 없어?"
나는 머리를 흔들었다.
"말에 올라타 본 적도 없어요."
"뭐라고!" 차드(의 분노)가 폭발했다.

— H. Robbins, *The Lonely Lady* (1976)

2. "What's the matter" 뒤에 "with you, with her" 등을 붙이면 그 인물에 대한 '초조함'을 나타낸다.

The baby was still screaming.
"What's the matter with her?" Julia said sleepily.
"I don't know."

갓난아이가 여전히 울부짖고 있었다.
"그녀(아기)에게 무슨 일이 있어?" 하고 줄리아가 졸린 듯이 물었다.
"모르겠어요."

— M. Crichton, *Prey* (2002)

영화의 한 장면

Sam : Hi! Is Alyssa home?

Collin : It's really late. **What's the matter, Sam?**

Sam : Nothing.

샘 : 안녕하세요. 앨리사 집에 있어요?

콜린(앨리사의 아버지) : 매우 늦었네. **무슨 일이지, 샘?**

샘 : 아무것도 아니에요.

— 라이프 애즈 어 하우스(*Life as a House*, 2001)

네이티브는 이렇게 말한다

오스트레일리아 네이티브는 윗사람에게 '무슨 일입니까?' 하고 물을 때는 'Wh'로 시작하는 의문문 "What's the matter?"가 아니라 'Yes -No'로 대답할 수 있는 의문문 "Is something the matter?"를 사용한다고 한다.

일반적으로 'Wh'로 시작되는 의문문은 대답을 강요하는 듯한 경향이 있는데 'Yes-No' 의문문을 사용하면 그런 면이 줄어든다. 예를 들어 상대의 주소를 묻고 싶을 때 "Where do you live?" 하고 말하면 심문하고 있는 것처럼 들리지만 "Do you live around here?" 라고 말하면 부드럽게 들리는 것이다.

또 'with'를 붙여 '초조함'의 의미를 나타낼 때 'with' 뒤의 'you' 나 'her'를 강하게 발음하면 실례되는 표현이라고 한다.

지금 바로 사용할 수 있는 구어 표현

· I've never even been on a horse.

"I've never been…"은 '……한 적이 없다'라는 의미다.

I've never been in hospital.

입원한 적이 없습니다.

'……한 적이 있습니까?'는 "Have you ever been…?"이라고 한다.

Have you ever been in a courtroom?

법정에 가본 적 있습니까?

· Holy shit!

'욕(swear word)' 중의 하나다. 영어권 사람들은 보통 신(God/Holy), 섹스(Fuck), 배설(Shit)에 관한 말을 입에 담지 않지만 감정이 격해졌을 때나 놀라움, 분노 등을 나타내는 말로 쓰는 경우가 있다.

Shit! I've left my cell phone at home.

이런 제기랄! 휴대전화를 집에 놓고 왔어.

이것은 예의 없는 말이기 때문에 아이가 사용하면 어머니가 주의를 준다.

"God dammit, I'm late."

"David, watch your mouth."

"제기랄, 지각이다."

"데이비드, 말 조심해."

이 'dammit(빌어먹을)'은 'damn it'을 말한다.

영화 「굿바이 걸(*The Goodbye Girl*, 1977)」을 보면 10세 여자아이가 어머니에게 "Shit!"이라 말한 후, "Shoot!"(발음이 비슷해서 'Shit'의 에두르는 말로 사용된다)라고 고쳐 말하는 장면이 있다.

18 질문에 대답하고 싶지 않을 때나 딱 잘라 말하고 싶을 때는 None of your business.

"How much did it cost?"
"*It's none of your business.*"
"그거 얼마 줬어?"
"*네가 알 바 아냐.*"

1. 여기서 'business'는 '일'이라는 뜻이 아니라 '서로 관여하다'라는 의미를 나타낸다. 즉 "none of your business"는 '네가 알 바 아니다', '쓸데없는 참견하지 마, 너와는 상관없다'라는 뜻이다.

뭔가 말하고 싶지 않을 때나 대답하기 곤란할 때 사용하며 질문을 회피하는 역할을 한다. 화가 난 표현이니 정중한 말은 아니다.

"Home address?"
"Why do you need that?" she asked with irritation.
"Well, uh, we just need that information."
"It's none of your business."

"집 주소는?"
"왜 그런 정보가 필요하죠?"하고 그녀가 짜증내면서 물었다.
"아, 네, 그 정보가 좀 필요했을 뿐이에요."
"당신과는 상관없잖아요."

— J. Grisham, *The Firm* (1992)

Once, when Jennifer brought | 언젠가, 제니퍼가 그의 결혼에

up the subject of his marriage, he growled at her, "**It's none of your business.**" and Jennifer had never mentioned it again.

대해 이야기 했을 때, 그는 그녀에게 "**너하고는 상관없잖아**" 라며 으르렁거리듯 말했으며, 제니퍼는 이것에 대해 다시는 언급한 적이 없었다.

— S. Sheldon, *Rage of Angels* (1980)

2. "**none of my business**"는 '나와는 상관없다' 라고 말할 때 사용한다. 뒤에 '**but**' 이 오는 경우도 있다.

"Are you going to tell your Aunt Lila?" he asked.

"No," I said.
"That's **none of my business.**"

"(지금 들은 것을) 라일라 아줌마한테 말할 거니?" 하고 그가 물었다.

"아니"하고 나는 대답했다.
"**그건 나와 상관없는 일인걸.**"

— H. Robbins, *The Predators* (1999)

영화의 한 장면

Frank : Well, I was, <u>uh</u>, gonna ask you about something.
Helen : Yeah.
Frank : About some of the people you've been seeing over the past months or so. You know, guys.
Helen : **It's none of your business.**

Frank : Well, it is in a way, my business, you know.

프랭크 : 저어, 물어보고 싶은 게 있는데.
헬렌 : 뭔데.
프랭크 : 지난 몇 개월 동안 네가 만나 본 사람들 중 몇 사람에 대해서. 음-, 남자들에 대해서.
헬렌 : **너와는 상관없는 일이잖아.**
프랭크 : 저-, 아냐, 어떤 면에서는, 나와 상관있어, 음-.

— 사랑의 파도(*Sea of Love*, 1989)

네이티브는 이렇게 말한다

영국 네이티브에 의하면 "None of your business" 다음에 설명이나 대답을 붙이면 농담이 된다고 한다.

"Who was the guy you were with last night?"

"**None of your business!** Well, actually, he's someone from the tennis club."

"어젯밤에 함께 있던 남자는 누구야?"

"**너하고는 상관없어!** 뭐, 사실은 테니스 클럽 사람이야."

또 "I know it's none of my business, but…(나와 상관없다는 것은 알고 있지만…)"은 개인적으로 묻기 곤란한 질문을 할 때 질문 앞에 둔다고 한다. 아메리카 네이티브도 같은 방법으로 이 표현을 쓴다.

지금 바로 사용할 수 있는 구어 표현

· uh

말하기 곤란할 때 망설임을 나타내는 표현이다.

I··· *uh*··· have a date with someone Friday night.

나··· *저어*··· 금요일 밤에 어떤 사람과 데이트하기로 했어.

· actually

마찬가지로 말하기 곤란한 것을 이야기해야 할 때 사용한다.

Actually he was a dreadful cook, but nobody had the heart to tell him.

사실 그는 무서운 요리사였지만, 아무도 그에게 말할 용기가 없었다.

19 '…하면 어떨까요?' 하고 제안할 때는 Why don't you…?

"*Why don't you* use the Internet?"
"OK, I will."
"인터넷을 이용*하면 어떨까요?*"
"네, 그럴께요."

1. "Why don't you…?"는 원래 '왜 당신은 ……하지 않습니까?'라는 의미지만 '……하면 어떻습니까?'라는 제안의 의미도 있다.

"**Why don't you** go out like other people your age?"

"네 또래 아이들처럼 데이트를 **해보는 건 어때?**"

— S. Brown, *The Crush* (2002)

"You have all the money you need, Mr. Lansky. Why do you keep working?"
Lansky looked at him thoughtfully.
He didn't answer.
"**Why don't you** retire and enjoy the rest of your life?"

"당신은 필요한 모든 돈을 갖고 있잖아요, 란스키씨. 왜 일을 계속 하십니까?"
란스키는 곰곰이 생각하며 그를 바라보았다.
그는 대답하지 않았다.
"은퇴하고 여생을 즐기시는 것이 **어떠세요?**"

— H. Robbins, *Memories of Another Day* (1979)

2. 이 표현은 '……하지 않겠습니까?' 와 같이 권유의 의미를 나타내기도 한다.

One day, he said to Paige. "I'm giving a little party tomorrow night. If you and Dr. Hunter and Dr. Taft are free, **why don't you come?**"

어느 날, 그가 페이지에게 말했다. "내일 밤에 조촐한 파티가 있다. 자네와 헌터 박사, 태프트 박사도 시간이 있다면, 네가 **오지 않을래**(네가 와라)?"

— S. Sheldon, *Nothing Lasts Forever* (1994)

3. 이밖에 "Why don't you …?"는 상대에게 무언가를 부탁하거나 가벼운 명령을 할 때도 사용한다.

"**Why don't you** go upstairs and get me a thermometer," Kim said to Ginger. "Where would I find it?" Ginger asked agreeably.

"위에 가서 체온계 좀 **가져다 줘**"하고 킴이 진저에게 말했다. "어디에 있지(어디에서 내가 이것을 찾을까)?" 진저는 유쾌하게 물어보았다.

— R. Cook, *Toxin* (1997)

"Jack, **why don't you** stop drinking beer and start thinking about how you want to spend the rest of your life."

"잭, 맥주는 그만 마시고 앞으로 여생을 어떻게 보내고 싶은지 생각해 **보는 게 어때.**"

— D. Baldacci, *Absolute Power* (1995)

David : Jeremy, **why don't you** go sleep with your Mom?

Jeremy : I want to sleep here tonight.

David : I think it would be better if I was alone.

데이비드 : 제레미, 엄마한테 가서 **자지 않을래?**

제레미 : 오늘은 여기서 자고 싶어요.

데이비드 : 나는(아빠는) 혼자 자는 게 더 좋을 것이라고 생각하는데.

— 언브레이커블(*Unbreakable*, 2000)

네이티브는 이렇게 말한다

아메리카 네이티브는 제안하는 의미의 "Why don't you…?"는 "How about…?"에 비해 강요하는 것처럼 들리는 경우가 있다고 한다. 앞 예문처럼 "Why don't you…?"가 가벼운 명령을 나타낼 수도 있는 것이다. 영화 「데이비드 게일(*The Life of David Gale*, 2003)」 속에서 아버지가 어린 아들을 향해 "*Why don't you sleep(자지 않을래)?*"하고 말하는 장면이 있다. 부모이기 때문에 이런 식으로 말할 수 있는 것이며 이것은 제안이라기보다 명령에 가깝다.

지금 바로 사용할 수 있는 구어 표현

· go out

'go out'은 단순히 '외출하다'가 아니라 '데이트하다'라는 의미로 많이 사용한다.

I'm not going to *go out* with him.

그와 *데이트하지* 않을 것입니다.

'데이트를 하려고 불러내다'는 'take…out', '데이트를 신청하다'는 'ask…out'이라고 한다.

He decided to *take* her *out* to dinner.

그는 그녀와 *데이트하면서* 저녁식사를 하기로 결정했다.

I would like to *ask* her *out*.

그녀에게 *데이트를* 신청하기 바란다.

이밖에도 'see'를 사용해서 '데이트하다'라는 의미를 나타낼 수도 있다.

Is Mary still *seeing* Tom?

메리는 아직 톰과 *만나고(데이트하고)* 있니?

· go sleep

보통 동사 두 개를 나열하여 사용하는 경우는 없지만 'go'와 'come'에 한해서 'go sleep'나 'come see me(내게 놀러오다)'처럼 말할 수 있다. 'go and sleep'나 'come and see me'의 'and'가 생략되었다고 할 수 있다.

Let's *go see* him in NY.

뉴욕에 있는 그를 *만나러* 가자.

20 '대수롭지 않다' 고
말하고 싶을 때는
It doesn't matter.

"You have to wait here for a long time."
"*It doesn't matter.*"
"여기서 오래 기다려야 하는데요."
"상관없습니다."

---

1. "It doesn't matter"는 '대수롭지 않으니 상관없다' 라는 의미로 사용한다.

"What if he doesn't show up tomorrow?"	"그가 내일 오지 않으면 어떻게 하지?"
"It doesn't matter," Lungen said.	"**상관없어**" 하고 런겐이 말했다.

— B. Meltzer, *The Tenth Justice* (1997)

"Call Toby and tell him you like him."	"토비에게 전화해서 (네가 그를) 좋아한다고 말해."
"Well, sure. I'll call him <u>first thing</u> <u>tomorrow</u>."	"그래, 좋아. <u>내일 제일 먼저</u> 그에게 전화할께."
"Call him now."	"지금 전화해."
"It's three o'clock in the morning!"	"새벽 3시야!"
"It doesn't matter."	"**상관없어.**"

— S. Sheldon, *A Stranger in the Mirror* (1976)

2. 또 다음과 같이 상대방이 사과했을 때 괜찮다는 의미로 "It doesn't matter"를 사용할 수도 있다.

"I'm Jill Castle. I have an app-ointment to see Mr. Dunning."

"Miss Dunning," the woman said.

"That's me."

"Oh," said Jill in surprise.

"I'm sorry, I thought―"

The woman's laugh was warm and friendly.

"It doesn't matter."

"질 캐슬이라고 합니다. 미스터 더닝과 만나기로 약속했는데요."

"미스 더닝입니다"하고 그 여성이 말했다.

"제가 더닝입니다."

"오," 질이 놀라서 말했다.

"죄송합니다. 전 생각했는데…"

그녀의 웃음은 따뜻하고 친근하였다.

"상관없어요(괜찮아요)."

— S. Sheldon, *A Stranger in the Mirror* (1976)

3. 이밖에 "It doesn't matter"는 선택을 해야 할 때 '뭐든 좋다', '아무거나 상관없다' 라는 의미로 사용한다.

"See if there's a flight out of here tonight to Paris, please."

"Certainly, Commander. Do you prefer any particular airline?"

"It doesn't matter."

"오늘 밤 이곳에 파리 행 비행기가 있는지 알아봐 주겠나."

"알겠습니다, 중령님. 어느 특정한 항공사를 선호하십니까?"

"(어느 항공사건) 상관없네."

— S. Sheldon, *The Doomsday Conspiracy* (1991)

Kaffee : You don't like me <u>that much</u>, do you? Forget it, don't answer that, it **doesn't matter.**

캐피 : 너는 내가 그렇게 싫지, 그렇지? (절대)<u>아냐</u>, 그렇게 대답하지마, **신경쓰지 않아도 돼.**

— 어 퓨 굿 맨(*A few Good men*, 1992)

네이티브는 이렇게 말한다

영국 네이티브 A씨는 이 표현을 상대방에게 사과를 받았을 때 괜찮다는 뜻으로 많이 사용한다고 한다.

"I am sorry I broke the dish."

"It doesn't matter."

"접시를 깨서 미안해."

"신경쓰지 마."

마찬가지로 영국 네이티브 B씨는 선택을 해야 할 경우 "It doesn't matter" 대신 "I don't care"를 사용한다고 한다. 또 '체념'을 나타낼 때도 "Forget it(이제 됐어)"이라는 의미로 "It doesn't matter"를 많이 사용한다고 말한다.

"I only wish…"

"What?"

"Oh, **it doesn't matter.**"

"내가 원하는 건 다만……"

"뭐라고?"

"오, **이제 됐어.**"

지금 바로 사용할 수 있는 구어 표현

· first thing tomorrow.

'first thing in the morning' 이라고도 한다.

I'm seeing Linda *first thing in the morning.*

아침에 제일 먼저 린다를 만나겠습니다.

· Certainly.

"Yes"를 나타내는 딱딱한 표현이다. 스스럼없는 표현으로는 "No problem"이나 "Sure"가 있다.

"Can you help me carry this desk?"

"*Certainly.*"

"이 책상을 옮기는 것을 도와주시겠습니까?"

"*알겠습니다.*"

· that much

구어에서는 '그렇게' 라는 의미로 'that' 을 많이 사용한다.

"When was this office computerized? Ten years ago?"

"No, not *that* long ago."

"언제 이 사무실이 전산화가 됐지? 10년 전인가?"

"아니, *그렇게* 오래 전은 아냐."

21 부탁이나 요청에 대해 강하게 No라고 말할 때는 Forget it.

"I'd like to take a week's vacation."
"*Forget it.*"
"1주일간 휴가를 가고 싶은데요."
"말도 안돼."

1. **"Forget it"**은 상대방의 부탁이나 요청에 대해 강하게 **"No"**라고 말할 때 사용한다.

"How about giving us one more number?" "Dance is over," one of them said. **"Forget it,"** mumbled another.	"우리에게 한 곡 더 연주해 주는 것이 어때?" "댄스파티는 끝이야"하고 그들 중 한 사람이 말했다. **"말도 안돼,"** 다른 한 사람이 중얼거렸다. — G. Gipe, *Back to the Future* (1985)
"I gotta have something to drink first." When she tried to get up, Gavin pushed her back down. **"Forget it."**	"먼저 뭐 좀 마시자." 그녀가 일어나려고 할 때, 가빈이 그녀를 밀어 (의자에)앉혔다. **"신경쓰지 마"** — S. Brown, *Hello, Darkness* (2003)

2. 또 "Forget it"은 상대방이 사례를 하거나 사과하였을 때 '마음 쓸 것 없어', '천만에 말씀'을 등의 의미로도 사용한다.

"I feel better now, Steve," she said.
"I'm sorry I broke down."
"Forget it," he said.

"지금 기분이 나아졌어, 스티브," 그녀가 말했다.
"내가 울어서 미안해."
"마음 쓸 것 없어"하고 그가 말했다.

— H. Robbins, *The Inheritors* (1969)

"So should I just meet you there at nine tomorrow?"
"Right," he said. "In the lobby."
She took a deep breath.
"You're a good friend, Michael. Thank you again."
"Forget it."

"그러면 당신을 그곳(거기)에서 내일 9시에 만날까요?"
"알았어"하고 그가 말했다. "로비에서."
그녀는 한숨을 돌렸다.
"당신은 좋은 친구야, 마이클. 다시 한 번 너에게 고마워."
"천만에 말씀을."

— J. Guest, *Second Heaven* (1982)

3. 이밖에 자신이 말한 것을 취소할 때도 사용한다.

He took a loud sip from his coffee.
"Mind if I smoke?"
He looked at Laurie and Jack.

그는 커피를 크게 소리 내며 마셨다.

"담배 피워도 괜찮아?"
그가 로리와 잭 쪽을 보았다.

| "Forget it," he said the m‑oment he saw their expres‑sions. | "**신경쓸 것 없어**" 하고 그는 두 사람의 얼굴 표정을 보는 순간 (이렇게) 말했다. |

— R. Cook, Chromosome 6 (1997)

영화의 한 장면

Rob : Let's get the hell <u>outta</u> this crazy city.
Alvy : **Forget it.**
Rob : We move to sunny L.A. All of show business is out there.
Alvy : No, I cannot.

롭 : 이 미친 도시보단 차라리 지옥이 낫겠다!
알비 : **아니(그 생각을 버려).**
롭 : 햇빛이 찬란한 L.A.로 이사가자. 모든 쇼 비즈니스가 저 밖에 있어.
알비 : 아니, 난 이사갈 수 없어.

— 애니 홀 (Annie Hall, 1977)

네이티브는 이렇게 말한다

아메리카 네이티브는 "Forget it"은 '포기해라' '(그 생각을) 버려라' 라는 의미를 나타내고 다른 비슷한 표현보다 의미가 강하다고 한다.

오스트레일리아 네이티브에 의하면 이 표현은 친한 친구 사이에서만 사용하며 모르는 사람에게 쓰면 실례가 된다고 한다.

지금 바로 사용할 수 있는 구어 표현

· Should I⋯?

영국 영어에서 말하는 "Shall I⋯ (⋯할까요)?"를 아메리카 영어에서는 "Should I⋯?"라고 말한다.

Are you all right? *Should I call 911?*

괜찮아요? *911에 전화할까요?*

· Right.

상대의 명령이나 제안 등을 받아들일 때 '알겠습니다'라는 의미로 사용한다.

"I'll see you at five o'clock."

"*Right.*"

"5시에 만납시다."

"*알겠습니다.*"

· outta

이것은 'out of'를 발음 나는 대로 쓴 것이다. 스스럼없는 구어에서 많이 볼 수 있다. 그밖에 'gotta [=got to]'나 'gonna [=going to]', 'wanna [=want to]' 등이 있다.

"Hey Tim, you coming?"

"No, I'm *gonna* stay here."

"어이 팀, 올 거야?"

"아니, 난 여기에 *남을 거야.*"

I *wanna* talk to you.

너와 얘기하고 *싶어.*

22 '나도' 라고 말할 때는
Me, too.

"I need another drink."
"*Me, too.*"
"한 잔 더 마시고 싶다."
"*나도.*"

1. "**Me, too**"는 상대에게 동조할 때 '나도 마찬가지다' 라는 의미로 사용한다. "**So do I**" 또는 "**So am I**"라는 표현도 있는데 스스럼없이 말할 때는 "**Me, too**"를 많이 사용한다.

"Come back and see me soon, Sam," Paul told him. "I'm going to miss you." **"Me, too."**	"돌아와서 곧 만나자, 샘"하고 폴이 말했다. "섭섭하다." **"나도."**

— D. Steel, *Bittersweet* (1999)

2. 앞의 문장이 부정문일 때는 '나도 그렇지 않다' 라는 의미로 "**Me, (n)either**"라고 말한다. 어느 쪽이나 사용하지만 문법적으로는 neither가 더 올바른 표현이다.

I'll never speak to him	"그(아빠)와는 다시 말하지 않을 거

again!" cried Jessica, who turned and started quickly for the stairs.

"**Me, either,**" Paula added, following her sister.

— E. Segal, *Man, Woman and Child* (1970)

야!"라고 제시카가 소리치고, 뒤돌아서 재빨리 계단을 향해 가기 시작했다.

"**나도**"하고 폴라도 말하면서, 여동생의 뒤를 따라갔다.

"Then who are you going to marry?"

"I don't think I'm going to marry anybody," Grant said.

"**Me, neither,**" Tim said.

— M. Crichton, *Jurassic Park* (1991)

"그래서 누구와 결혼할 거야?"

"내가 누군가와 결혼할 거라고 생각하지 않아"하고 그란트가 말했다.

"**나도, 그래**"하고 팀도 말했다.

---

3. 똑같은 표현으로 "**You, too**"가 있다. 작별의 인사를 할 때 응답으로 많이 사용한다.

"Have a nice weekend, Mr. Kronowitz," she said.

"**You too,** Josie," Phil said, looking back at her.

"Have a nice weekend."

— L. Sanders, *Sullivan's Sting* (1990)

"좋은 주말 보내세요, 크로노위츠 씨"하고 그녀가 말했다.

"조시 **너도**"하고 필이 말하면서 그녀 쪽을 돌아보았다.

"좋은 주말 보내."

4. 또 이 경우 "You, too" 대신에 "(The) same to you"를 사용할 수 있다.

"I wish you the best of luck, Mr. Rathbone."	"행운을 빕니다, 라스본 씨."
"Thanks, Erinie," David said.	"고마워, 에리니"하고 데이비드가 말했다.
"The same to you."	**"당신에게도 행운이 있기를."**

— L. Sanders, *Sullivan's Sting* (1990)

영화의 한 장면

Harry : So you don't sleep?

Erica : I only need about four hours a night.

Harry : **Me, too.** I never slept eight hours in my life.

Erica : **Me, either.** I wish I could.

해리 : 그래서 안 자는 거야?

에리카 : 하룻밤에 4시간 정도가 필요할 뿐이야.

해리 : **나도 그래.** 지금까지 8시간 잔 적이 없어.

에리카 : **나도 마찬가지야.** (8시간) 잘 수 있으면 좋겠는데.

— 사랑할 때 버려야 할 아까운 것들(*Something's Gotta Give*, 2003)

네이티브는 이렇게 말한다

영국 네이티브가 말하길 이 "Me, too"는 무조건 동조하는 것을 나타내기 때문에 개성이 없는 표현이라고 한다. 특히 "Me, either"는 문법적으로 올바르지 않고 어린아이가 쓰는 말처럼 들린다고 한다.

한편 "Me, too"와 같이 짧은 어구의 표현은 반복해서 사용되는 경향이 있다. 예를 들어 영화 「아이덴티티(The Identity, 2003)」를 보면 모텔에 우연히 함께 묵게 된 10명의 손님이 생일을 말한다. 이때, 한 사람이 5월 10일이 생일이라고 말하자 다른 손님들이 잇따라 "Me, too"라고 말하는 장면이 있다.

지금 바로 사용할 수 있는 구어 표현

· Have a nice weekend.

위와 같은 "Have a nice [good]…"의 형으로 많이 사용하는 구어는 다음과 같다.

① Have a good time. (지금부터 할 일에 대해) '즐거운 시간 보내'

"I'm leaving for the party now."

"Have a good time."

"파티에 갈게."

"즐거운 시간 보내."

② Have a nice [good] day.는 '다녀와' 와 '즐거운 하루 보내' 라는 두 가지 뜻이 있다.

"Mom, I'm going to school now."

"*Have a nice day.*"

"엄마, 지금 학교에 가요."

"*다녀오너라(즐거운 하루 보내).*"

"Thanks you for shopping at Fast Mart. *Have a nice day.*"

"Thanks. Same to you."

"퍼스트 마트에서 쇼핑해 주셔서 감사합니다. 즐거운 하루 되십시오."

"감사합니다. 당신도."

③ Have a nice flight. '즐거운 비행 되십시오'

"Here's your ticket, sir. *Have a nice flight.*"

"Thanks."

"여기 티켓 있습니다, 고객님. 즐거운 비행 되세요."

"감사합니다."

23 부드럽게 No라고 말하고 싶을 때는 Not really.

"Did you enjoy the book?"
    "*Not really.*"
  "그 책 재미있었어?"
      "별로."

1. "Not really"는 "No"를 보다 부드럽게 나타낼 때 사용한다.

"Are you angry?" David as-ked.	"화났니?"하고 데이비드가 물었다.
Angela <u>shrugged</u>.	안젤라는 <u>어깨를 으쓱하였다.</u>
"**Not really**," she said.	"**그런 건 아냐**"라고 그녀가 대답했다.

— R. Cook, *Fatal Cure* (1993)

2. 이 표현에 "No"를 붙여 "No, Not really"나 "Not really, No"의 형태로 쓰기도 한다.

"And how long did your rel-ationship last?"	"얼마나 오랫동안 당신들의 관계가 지속되었죠?"
"About six months."	"약 6개월입니다."
"And have you kept up	"계속 연락을 해왔습니까?"

contact?"

"**No, Not really.**"

"Any contact at all?"

"Once."

"**아니, 그런 건 아닙니다.**"

"전혀 어떤 연락도(없었습니까)?"

"한 번만(연락했습니다)."

— M. Crichton, *Disclosure* (1993)

"Does working alone ever get boring?"

"**Not really, no.** I like the music."

"혼자서 일(디스크자키)하고 있으면 따분한 적 있습니까?"

"**별로, (그런 적)없습니다.** 전 음악 이 좋거든요."

— S. Brown, *Hello, Darkness* (2003)

---

3. "**Not really**"는 때로 애매한 표현이 되기 때문에 다음과 같이 "**What do you mean?**" '무슨 의미입니까?' 라고 질문을 받을 수 있다.

"Did you see him?"

"**Not really,** sir," O'Leary said.

"What do you mean '**not really**'?" Siegfried growled.

"그를 만났어?"

"(만난 거)아니에요"하고 올리아리 가 대답했다.

"'(만난 건)아니다' 라는 것은 무슨 말이야?"하고 지크프리트는 호통 을 쳤다.

— R. Cook, *Chromosome 6* (1997)

Woman : I'm meeting a player from Temple University. He's a Ouarterback. You like football?

David : **Not really.**

Woman : This <u>kid</u> is six foot[=feet] two, two hundred and forty pounds. He runs the fifty in under six seconds.

여성 : 템플 대학 출신 선수를 만날 거야. 그는 쿼터백이야. 축구 좋아해?

데이비드 : **별로(좋아하는 건 아냐).**

여성 : 이 <u>선수</u>는 (신장이)6피트 2인치[=약 188cm], (체중은)240파운드[=약 108kg]야. 500야드[=약 45m]를 6초 이내에 달려.

— 언브레이커블(*Unbreakable*, 2000)

네이티브는 이렇게 말한다

아메리카 네이티브는 **"Do you like baseball?"**에 대해 **"No, Not really"**라고 대답하면 '약간은 좋아한다' 라는 뜻이지만 **"Not really, No"**라고 대답하면 '전혀 좋아하지 않는다' 라는 의미가 된다고 한다. 다음은 **"Not really, No"**의 예다.

"Are you in trouble?"

"Not really, No. Nothing."

"뭐 곤란한 일이 있니?"

"아니, 없어. 전혀 없어."

영국 네이티브는 "Not really"와 같은 표현으로 "Not exactly"가 있다고 한다.

"So you gave her your Walkman?"

"Not exactly, I lent it to her."

"그래서 그녀에게 워크맨을 준거야?"

"그런 거 아냐, 빌려주었을 뿐이야."

지금 바로 사용할 수 있는 구어 표현

· shrug

두 손을 벌려서 두 어깨를 올렸다 내리는 제스처로 모른다거나 흥미가 없다는 의미를 나타낸다.

"Where's Dad?"

"How should I know?" replied my brother, *shrugging.*

"아빠 어디 있어?"

"내가 어떻게 알아?" 하고 동생이 대답하면서, *어깨를 으쓱거렸다.*

· Kid

원래는 '새끼 염소'라는 뜻이지만 'a child'나 'a young person'의 의미로 사용하기도 한다.

He took the *kids* to the park while I was working.

그는 내가 일하고 있는 동안 *아이*들을 공원에 데리고 갔다.

They spent summers here when they were college *kids.*

그들은 *대학생* 때 이곳에서 여름을 몇 번 지냈다.

아이들 중에는 kid라고 불리는 것을 싫어하는 아이도 있다. 영화 「굿바이 걸(*The Goodbye Girl*, 1977)」속에서 kid라고 불린 10세 여자 아이가 "Don't call me a *kid*. Kid means goat(*키드라고 부르지 말아 요. 키드란 염소를 말하는 거야*)"하고 말대꾸 하는 장면이 있다.

24 '설마' 하고 상대를 약간 의심할 때는 No kidding.

"I'm getting married next month."
"No kidding!"
"다음 달에 결혼해."
"농담 아니지!"

---

1. **"No kidding"**은 상대방의 말이 의심될 때 '농담 아니지' '설마' 하는 의미로 쓴다.

"I'm working for the Red Cross as a volunteer."
"No kidding."

"적십자에서 자원봉사를 하고 있어."
"농담 아니지."

— D. Steel, *Lone Eagleey* (2001)

"Matt was just telling us about a shark he caught," said Ellen.

"It had almost a whole pig in it."
"No kidding," said Brody, sitting in a chair opposite the couch.

"매트가 막 우리에게 그가 잡은 상어에 대해 말하고 있었어" 하고 엘렌이 말했다.
"(상어가) 돼지 한 마리를 거의 통째로 삼키고 있었다는 거야."
"농담 아니지" 하고 브로디가 말하면서, 긴 소파 맞은 편 의자에 앉았다.

— P. Benchley, *Jaws* (1974)

"A neurosurgeon?" the wo- man marveled with a look of disbelief.

"No kidding!"

"No kidding." Jazz echoed with a tone that did not invi- te any more conversation.

(간호사라고 생각하고 있던 사람이 신경 외과의사라는 말을 듣고) "신경외과의 사라고요?" 하고 여자는 믿을 수 없다는 표정으로 놀라서 말했다.

"농담 아니지!"

"농담이 아닙니다" 하고 재즈가 더 는 대화를 안하려는 듯 (앵무새처럼) 되풀이해서 말했다.

— R. Cook, *Marker* (2005)

"Somebody's been in my garden and they stole my flowers."

"No kidding? Want me to call the cops?"

"누군가가 정원에 들어와서 꽃을 훔쳐 갔어."

"정말이야(농담 아니지)? 경찰을 부 를까?"

— N. Roberts, *Rising Tides* (1998)

네이티브는 이렇게 말한다

영국 네이티브는 "No kidding"은 아메리카 영어로, 영국에서는
"You're kidding!"이나 "Really?"라고 말한다고 한다.

"He left me."

"You're kidding."

"그는 내 곁을 떠났어."

"너 농담하고 있구나(설마)."

아메리카 네이티브는 본문에 실린 용법 외에 상대방 말에 찬성할
때도 '분명히'라는 의미로 "No kidding"을 사용한다고 한다.

"That girl has some major problems."

"Yeah, **no kidding.**"

"저 여자아이는 몇 가지 큰 문제가 있어."

121

"그래, 농담 아니지."

오스트레일리아 네이티브는 이 용법에서 "No"를 길게 끌어 발음하면 '말할 것도 없는 것을 입에 담고 있다'고 하는 빈정대는 의미가 된다고 한다.

"Russia is a big country."

"No kidding."

"러시아는 큰 나라지."

"(그래) 농담 아니지."

지금 바로 사용할 수 있는 구어 표현

· Want me to call the cops?

"Do you want me to call the cops?"에서 'Do you'가 빠진 표현으로 '······할까요'라는 제안의 의미를 나타낸다.

"*Want me to* check out our files?"

"I'd appreciate it."

"*파일을 조사할까요?*"

"부탁합니다."

· cop

스스럼없는 표현으로 '경찰관'을 말하며 비하하는 표현은 아니다.

He's not a dirty cop, he's a good *cop.*

그는 타락한 경찰이 아니고, 선량한 경찰이다.

경찰을 비하할 때는 (약간 낡은 표현이지만) 'pig'라고 한다. 영화 「늑대들의 오후(*Dog Day Afternoon*, 1975)」를 보면 은행에서 인질을 잡고 농성하는 범인과 경찰이 전화로 대화하는 장면이 있다. 그때 범인이 사용한 'pig'라는 말에 대해 경찰이 "Don't use that word(짭새라고 부르지 마)"라고 말하는 장면이 있다.

25 상대의 기색이 이상할 때는
What's up?

"*What's up?* You look worried."
"Nothing at all."
"무슨 일이야? 걱정스러워 보인다."
"아무것도 아냐."

1. "What's up?"은 스스럼없는 표현으로 뭔가 좋지 않은 일이 일어나고 있다는 것을 헤아리고 '어떻게 된 거야(무슨 일이야)?' '무슨 일이 있었어?' 하고 물을 때 사용한다.

"Sorry to bother you," Kim said.	"성가시게 해서 미안해"하고 김이 (전화로) 말했다.
"No bother," George said.	"성가시게 한 거 없어"하고 조지가 대답했다.
"What's up?"	"무슨 일이야?"

— R. Cook, *Toxin* (1997)

"Excuse me for a minute," he said to Sam and Carmen, and stepped into the hall.	(회의 중에 요란한 노크 소리가 들려왔기 때문에) "잠깐 실례하겠습니다"하고 그는 샘과 카멘에게 말하고, 홀로 들어섰다.
"What's up?" he asked.	"무슨 일이야?"하고 그가 물었다.

— J. Grisham, *The Chamber* (1995)

"The kids seemed a little wound up tonight. **What's up?**" he asked, putting his report down.
"I think they're just excited about the end of the school year."

"아이들이 오늘 밤 조금 들뜬 것 같다. **무슨 일이야?**" 하고 그가 말하면서, 그의 보고서를 내려 놓았다.
"아이들이 학년 말이기 때문에 들떴다고 생각해."

— D. Steel, *Bittersweet* (1999)

2. 이밖에 "What's up?"은 "How are you?"와 비슷하게 인사하는 의미로도 사용한다.

"Hello?" Rose said.
Her voice sounded soft and girlish.
"Hi. It's me. **What's up?**"

"여보세요" 하고 로즈가 말했다.
그녀의 목소리는 부드럽고 앳되게 들렸다.
"안녕하세요, 저예요. **무슨 일 있어요?**"

— S. Spencer, *Endless Love* (1979)

영화의 한 장면

Spike : I was called and I came. **What's up?**

Honey : William has just turned down Anna Scott.

스파이크 : 불러서 왔는데, **무슨 일 있어?**

125

> *허니* : 윌리엄이 안나 스코트를 차버렸어요.
>
> — 노팅힐(*Notting Hill*, 1999)

네이티브는 이렇게 말한다

아메리카 네이티브는 이 표현을 "How are you?"에 가까운 의미로 사용하며 실례되는 표현이 아니라고 한다. 영화「스쿨 오브 록(*School of Rock*, 2004)」에서 주인공이 무대에서 막 음악을 연주하려고 할 때 관객을 향해서 "Hey. What's up(야아, 안녕하십니까)?"하고 말하는 장면이 있다.

이와 같이 묻게 되면 특별한 일이 없는 한 "Nothing much" 또는 "Usual"하고 대답한다.

다만 오스트레일리아 네이티브는 오스트레일리아에서는 이 표현을 많이 사용하지 않는다고 했다.

지금 바로 사용할 수 있는 구어 표현

· Sorry to bother you.

'성가시게 (방해) 해서 미안한데' 라는 의미로 사용한다.

Sorry to bother you. Can I come in?

(바쁜 중에) 성가시게 (방해) 해서 미안합니다. 안에 들어가도 됩니까?

· Excuse me

이 표현은 다음과 같은 경우에 많이 사용한다. 이 중 ②와 ③은 아

메리카 특유의 표현으로 영국에서는 각각 "I'm sorry./Sorry?"하고
말한다.

① 상대방의 주의를 끌고 싶을 때.

Excuse me, is this the right bus for the airport?

실례합니다, 이게 공항 가는 버스가 맞습니까?

② 상대방에게 폐를 끼쳐 사과할 때.

"You stepped on my foot."

"*Excuse me.*"

"당신, 내 발을 밟았어."

"*죄송합니다.*"

③ 상대방이 한 말을 잘 알아듣지 못해 다시 한 번 말해 주기를 원
할 때. 어미를 올려서 발음한다.

"I'll make some coffee."

"*Excuse me?*"

"커피를 만들어 드릴게요."

"(잘 못 들었는데) *뭐라고 하셨죠(다시 한 번 말씀해 주시겠습니까)?*"

상대방이 한 말을 알아들어도 분노를 느끼고 반문하는 경우가 있다.

"Get lost!"

"*Excuse me?*"

"You heard me."

"냉큼 꺼져!"

"다시 한 번 말해봐?"

"내 말 들었잖아."

④ 앞으로 폐를 끼치게 될 것이기 때문에 미리 사과할 때.

Excuse me, I need to get through.

죄송합니다, 제가 지나가야 합니다.

⑤ 도중에 좌석을 비울 때.

Excuse me, I'll be back in a minute.

실례 좀 하겠습니다, 곧 돌아 오겠습니다.

26 너무 무리하지 말라고 말할 때는
Take it easy.

"*Take it easy*. Get some rest."
"All right."
"*무리하지 마. 좀 쉬어.*"
"알았어."

1. 이 표현은 스스럼없는 말투로 '당황하지 마라' '무리하지 마라' 등의 의미가 있다.

Marty started to sit up, but leaned back again when he experienced a slightly dizzy sensation. "**Take it easy,** now," his mother said. "You've been asleep for almost nine hours."	마티는 윗몸을 일으키기 시작했다, 그러나 가벼운 현기증이 나는 바람에 다시 몸을 뒤로 기댔다. "**무리하지 마렴,** 지금"하고 그의 어머니가 말했다. "거의 9시간이나 자고 있었어."

— G. Gipe, *Back to the Future* (1985)

"Could we have some more wine?" "You haven't eaten a bite." "I'm thirsty."	"와인을 좀 더 마실까?" "식사도 안했잖아." "목이 말라."

Ken watched, concerned, as Jennifer kept filling and empty-ing her glass.	켄은, 제니퍼가 글라스에 (와인을) 따르며 잔을 비우는 것을 보고, 걱정스러웠다.
"Take it easy."	**"무리하지 마."**

— S. Sheldon, Rage of Angels (1980)

2. 또 흥분한 사람을 달랠 때나 침울해 하는 사람을 격려할 때 도 사용한다.

"When's this guy going to show up?" Rathbone demanded. "Hey, **take it easy,**" Jimmy Bartlett said.	"언제 이 놈이 오는 거야?" 하고 라스본이 다그쳤다. "어이, **진정해**" 하고 지미 바틀렛이 말했다.

— L. Sanders, Sullivan's Sting (1990)

I walked over to her and awk-wardly put my arms around her shoulders. She buried her face against my chest. "Jonathan, Jonathan." "**Take it easy,** Mother," I said.	나는 그녀(어머니)에게 다가가 어색하게 그녀의 어깨를 감쌌다. 어머니는 내 가슴에 얼굴을 묻고 "조나단, 조나단" 하고 되풀이해서 불렀다. "**진정하세요,** 어머니" 하고 나는 말했다.

— H. Robbins, Memories of Another Day (1979)
조나단의 부친 장례식이 끝난 후의 장면

3. 이밖에 "Take it easy"는 "Bye-bye" "See you, Mary" "Take it easy"처럼 헤어질 때 가벼운 인사말로도 사용한다. 우리나라에서는 헤어질 때 '힘내'라고 말하지만 영어권에서는 '마음 편히 가져'라고 말한다.

영화의 한 장면

Sara : Nelson, what are you doing?
Nelson : What does it <u>look like</u> I'm doing?
Sara : Just **take it easy.**

사라 : 넬슨, 뭘 하고 있는 거야?
넬슨 : 뭘 하고 있는 <u>것처럼 보여?</u>
사라 : (제발) **진정 좀 해.**

— 스위트 노벰버(*Sweet November*, 2001)

네이티브는 이렇게 말한다

아메리카 네이티브에 의하면 헤어질 때 "Take it easy"를 사용하는 것은 아메리카와 캐나다 영어에 한정되어 있다고 한다. 그리고 스스럼없는 자리에서는 친구이고 아니고를 떠나 여러 사람에게 부담 없이 사용할 수 있다고 한다. 영국 네이티브는 헤어질 때 "Take it easy"가 아니라 "Take care"를 사용한다고 한다. 오스트레일리아 네이티브도 오스트레일리아에서는 이 표현을 헤어질 때 사용하는 일은 드물며 "Take it easy"는 상대방이 화나 있을 때 '진정해'라는 의미로 많이 쓴다고 한다.

지금 바로 사용할 수 있는 구어 표현

· when's

의문사(when, where, why, what, who, how) 뒤에 오는 's는 'is' 나 'has'를 말한다. 스스럼없는 말투에서는 'does'를 대신하는 경우도 있다.

When's your birthday? / Where's he gone? / What's that mean?

언제가 생일이지? / 어디로 그가 갔니? / 무슨 의미입니까?

· Hey

"Hey"는 상당히 스스럼없이 부르는 단어로, 주로 남성이 남성에게 사용한다. 상대와 상황을 고려하지 않고 사용하면 실례가 된다.

Hey! What are you doing with my car?

어이! 내 차에 뭘 하고 있는 거야?

· look like

외모가 어떻게 보이는가를 말할 때 사용한다.

She *looks like* a teenager.

그녀는 10대로 *보인다.*

You *look like* you've lost ten pounds.

10파운드[=약 4.5킬로그램] 정도 살이 *빠진 것 같아 보인다.*

27 '그렇게 하세요' 하고 서슴없이 부탁을 들어줄 때는 Be my guest.

"Can I try out your new bicycle?"
  "Be my guest."
  "당신의 새 자전거 타 봐도 돼?"
  "그렇게 해(그럼 또는 그렇고 말고)."

> 1. **"Be my guest"**는 '(아무쪼록 손님 것처럼) 좋을 대로 하십시오' 라는 것이 본래 의미인데 부탁을 서슴없이 들어줄 때도 사용한다. '그렇게 하세요' '사양 말고' 라는 뜻이다. 읽을 때는 'Be'를 강하게 발음한다.

"Do you mind if I look at the folder later this afternoon?" Laurie asked. **"Be my guest."**	"오후에 폴더를 열어 봐도 괜찮겠습니까?" 하고 로리가 물었다. **"그렇게 해(그럼)."**

— R. Cook, *Marker* (2005)

"I think it's time I gave him a call. Mind if I use your phone?" **"Be my guest."**	"그에게 전화 걸 시간이야(시간이라고 생각해). 네 전화 좀 사용해도 돼?" **"좋아(그럼)."**

— H. Robbins, *Dreams Die First* (1977)

"Do you mind if I join you for a drink?" he asked.

"Be my guest."

He moved into a chair.

"I didn't expect to see you here."

"Neither did I expect to see you here," I said.

"함께 술을 마셔도 될까요?" 하고 그가 물었다.

"그렇게 하시지요."

그는 의자로 다가갔다.

"당신을 여기서 만날 거라고 생각도 못했어요."

"나 또한 당신을 이곳에서 만날 거라고 생각 못했습니다" 하고 나도 말했다.

— H. Robbins, *The Piranhas* (1986)

---

2. 또 이 표현은 '좋으실 대로' 하고 빈정거릴 때 사용하기도 한다.

"I'll sue you!" she screamed.

"I'll sue all of you!"

"Be my guest," he said with a frosty smile.

"고소할 거야!" 하고 그녀가 외쳤다.

"모두 고소할 거야!"

"좋을 대로 해" 하고 그는 말하면서 싸늘한 미소를 지었다.

— L. Sanders, *The Fourth Deadly Sin* (1985)

---

3. 이밖에 **"Be my guest"**는 길을 양보할 때 '먼저 가세요'라는 의미로도 사용한다. 같은 뜻으로 **"Please go ahead / After you / Ladies first**(상대가 여성인 경우) **/ You first"** 등이 있다.

Eric : I've been on ice like this when I was a kid, skating. Spread your weight, keep moving. Go on.

Corbett : (gestures 'your first') **Be my guest.**

Eric : I'm right behind you.

에릭 : 어렸을 때 이런 얼음 위에서, 스케이트를 탄 적이 있어. 두 발에 체중을 싣고, 계속 움직여. 계속 나아가.

코베트 : (먼저 하라는 제스처를 하며) **네가 먼저 해봐.**

에릭 : 난 바로 뒤따라갈게.

— 아틱 블루(*Arctic Blue*, 1993)

네이티브는 이렇게 말한다

캐나다 네이티브는 이 표현을 가족 간이나 친구끼리만 사용한다고 한다. 반대로 영국 네이티브는 "Be my guest"가 너무 정중하기 때문에 오히려 빈정대는 표현으로 많이 쓴다고 했다.

영화 「업타운 걸스(*Uptown Girls*, 2003)」에서 결벽증이 있는 여자아이가 자신만의 비누를 가지고 다닌다고 빈정대는 소리를 들었을 때 "You go ahead and *be my guest*. ((비누를 가지고 다니지 않으면 더러운 병균에 감염되겠지만, 그래도 괜찮다면) 너 해봐 그리고 *마음대로 해*)"하고 응수하는 장면이 있다.

지금 바로 사용할 수 있는 구어 표현

· Neither did I

'neither'는 부정문 뒤에서 도치된 형태로 사용하며 '……도 ~하지 않는다'라는 의미를 나타낸다.

"I don't want that to happen to her."

"*Neither do I.*"

"그녀에게 (그런 일이) 일어나는 걸 원치 않아."

"*나도 원하지 않아.*"

· right behind you

이 'right'는 '바로(just)'라는 의미를 나타내고 있다.

Our dog died *right* in front of us.

우리 개가 *바로* 우리 눈앞에서 죽었어.

이밖에 'right'가 이용된 표현으로 'right back / right now / right away' 등이 있다. 이 표현 모두 '바로'라는 의미다.

I'll be *right* back.

바로 돌아올께.

"I don't understand."

"I can't explain everything *right* now."

"모르겠어."

"*지금* 전부 다 설명할 수는 없어."

Tell him we're leaving *right* away.

그에게 우리가 *지금 바로* (이곳을) 떠난다고 말해.

28 '좋지 않은 일이 일어나면 어쩌나' 하고 걱정할 때는 What if…?

"*What if* the train is late?"
"Don't worry. It will come soon."
"열차가 늦으면 *어떡하지?*"
"걱정마. 곧 올 거야."

1. "What if…?"는 "What will happen if…?"의 줄임말로 '만약 …라면 어떡하지?' 라는 의미를 나타낸다. 'if' 뒤에는 보통 부정적인 사항이 온다.

"**What if** I get lost?" she asked.	"**만약** 길을 잃어버리면 **어떡하지?**"하고 그녀가 물었다.
"I know nothing about Los Angeles." He laughed.	"로스앤젤레스에 관해서는 아무것도 모르는데." 그는 웃었다.
"Ask a policeman." She smiled.	"경찰에게 물어봐." 그녀도 미소지었다.

— H. Robbins, *Descent from Xanadu* (1984)

She handed him the cassette he had lent her a few days before.	그녀는 그에게 며칠 전에 빌린 카세트를 돌려주었다.
"Promise me you'll send it to the record company before	"나에게 약속해, (음악을)포기할 것을 결심하기 전에 레코드 회사

you decide to quit."
"But **what if** they hate it?"

에 이걸 보낼 거라고."
"그런데 그들이 이것을 싫어하면 **어떡하지?**"

G. Gipe, *Back to the Future* (1985)

2. **"What if⋯?"**는 '⋯⋯은 어떻게 할 겁니까?'와 같이 제안의 의미를 나타낼 때도 사용한다.

"Listen," Marsha said, "**what if** I take my cellular phone with me and call you every fifteen or twenty minutes?"
"Oh, come on, don't be ridiculous."

"(내 말 좀)들어봐"하며 마샤가 말했다, "내가 휴대전화를 가지고 가서 15분이나 20분마다 전화를 걸면 **어떻게 할래?**"
"어이, 이봐, 그런 바보같은 소리 하지도 마."

— R. Cook, *Toxin* (1997)

3. 다음은 '만약 ⋯라면 어떻게 할까?'라는 의미의 **"What if⋯?"**와 '⋯는 어떻습니까?'라는 의미의 **"What if⋯?"**가 연속해서 사용된 예다.

"**What if** something happens and we lose the baby?"
She rolled over on her side to look at him, and he reached up and took her hand

"무슨 일이 일어나서 아기를 유산하면 **어떡하죠?**"
그녀는 몸을 뒤척이더니 옆으로 누워 그를 쳐다보았다, 그리고 그는 손을 뻗어 그녀의 손을 잡고

and held it in his.

"**What if** you stop worrying for a few minutes?"

	그의 손으로 (당겨) 잡았다.
	"고민을 잠시만 멈추면 **어떨까?**"

— D. Steel, *Lone Eagle* (2001)

영화의 한 장면

Billy : Will she pick me up after school?

Ted : No. If I'm not here, you go home with Thelma and Kim.

Billy : **What if** she forgets?

Ted : I'll call Thelma and remind her, okay? Don't worry.

빌리 : 방과 후 그녀(엄마)가 나를 데리러 올까?

테드 : 못 올거야. 만약 내(아빠)가 못 오면, 셀마(아줌마)와 김과 함께 집에 가거라

빌리 : 그녀(셀마 아줌마)가 잊으면 **어떡하지?**

테드 : 내(아빠)가 셀마(아줌마)에게 전화해서 아줌마가 기억나도록 (생각나게) 할께, 알았니? 걱정할 것 없어.

— 크래이머, 크래이머 (*Kuramer vs. Kramer*, 1979)

네이티브는 이렇게 말한다

아메리카 네이티브는 '만약 ……라면 어떻게 할까?' 라는 의미에서는 문장 끝을 올려서 발음하고, '……는 어떻습니까?' 라는 의미에서는

문장 끝을 올려서 발음할 때도 있고 내려서 발음할 때도 있다고 한다.

지금 바로 사용할 수 있는 구어 표현

· ··· okay?

자신이 한 말을 강조하거나 다짐받고 싶을 때 사용한다.

"You must be fond of her."

"You gotta stop this, *okay?*"

"너 그녀를 좋아하는 게 틀림없구나."

"그런 말하지 마, *알겠어?*"

· Don't worry.

'걱정하지 않아도 된다' 라는 의미다. 같은 의미로 "Don't mind"를
사용하는데 이것은 올바른 영어가 아니다.

"I think I left the car window open."

"*Don't worry.* I closed them."

"차 창문을 열어 놓고 온 것이 생각났어."

"*걱정마.* 내가 창문들을 닫았어."

29 정중하게 권할 때는 Would you like…?

"*Would you like* to sit down?"
"Thank you."
"앉으시겠습니까?"
"감사합니다."

1. "would like"는 "want"의 정중한 표현으로 본래 "Would you like…?"의 '……'에 명사(음료나 음식)가 오면 '……을 원하십니까?' 라는 의미를 나타내고 '……'에 'to + 동사'가 오면 '……하고 싶으십니까?' 라는 의미를 나타낸다. 다만 일상 회화에서는 각각 '……는 어떠시겠습니까?' '……하지 않으시겠습니까?' 라는 의미로 남에게 정중하게 무언가를 권하는 표현이 된다.

"**Would you like** a cup of coffee — or anything else?"
"Nothing, thank you," she said formally.
"But I appreciate the offer."

"커피가 **어떻습니까** – 또는 그 밖의 다른 것은?"
"없습니다, 고맙습니다"하고 그녀는 정중하게 대답했다.
"그러나 말씀(제안)해 주셔서 <u>감사합니다</u>."

— L. Sanders, *The Eighth Commandment* (1986)

The music began. Jean Clau-

음악이 (울리기)시작했다. 쟌 클

de looked at Toni.	러드가 토니 쪽을 보았다.
"Would you like to dance?"	**"춤추실래요?"**
<u>"I'd love to."</u>	"좋아요."

— S. Sheldon, Tell Me Your Dreams (1998)

"Gavin," Sheila called.	"가빈"하고 실라가 불렀다.
He stopped about ten yards	그는 현관에서 약 100야드 거리
from the porch.	에서 멈추어 섰다.
"Yes?"	"네?"
"Would you like to <u>join us</u>	"오늘 저녁 (집에서)한 잔 하는데
for a drink this evening – <u>say</u>,	**같이 하시겠습니까?** – 대체로(대
nine – thirty or so?"	충), 9시 30분 정도?"

E. Segal, Man, Woman and Child (1970)

---

2. "How would you like…?"도 "Would you like"와 같은 의미이다.

He turned to the girl.	그가 소녀 쪽으로 돌아섰다.
"Pier, **how would you like** to	"피아, 나와 함께 조촐하게 **여행**
go on a little trip with me?"	**갈래요?"**
She looked at him with suspi-	그녀는 불신감을 갖고 그를 보
cion.	았다.
"A trip – where?"	"여행 – 어디로?"

— S. Sheldon, The Doomsday Conspiracy (1991)

Viktor : Elaine, what are you doing tonight? **Would you like** to go somewhere… dinner?

Elaine : I'd love to.

빅터 : 엘레인, 오늘 밤에 뭐 하실겁니까? 어디 저녁식사하러… 나가는 것이 **어떻습니까?**

엘레인 : 좋아요.

— 시몬(*Simone*, 2002)

네이티브는 이렇게 말한다

영국 네이티브는 "How would you like…?" 쪽이 "Would you like…?"보다 정중한 표현이라고 한다.

같은 표현의 경우, 구어에서는 일반적으로 단어수가 많은 쪽이 더 정중한 표현이 된다. "Close the door"보다 "Please close the door" 쪽이 정중하고 이것보다 "Would you mind closing the door?" 쪽이 더 정중한 표현이다.

캐나다 네이티브는 "Would you like to…?"는 권유 외에 의뢰를 나타내는 경우에도 사용할 수 있다고 말한다.

Would you like to tell us about your summer vacation?

우리에게 당신의 여름휴가 이야기를 **해 주시겠습니까?**

지금 바로 사용할 수 있는 구어 표현

· I appreciate the offer.

"I appreciate…"는 '……에 감사하다'는 의미다. 'offer' 대신에 'help'나 'concern' 등도 많이 쓴다.

Thank you. *I appreciate* your help.

고맙습니다. *도와주셔서 감사합니다.*

· I'd love to.

식사 등을 권유받았을 때 "yes"라는 의미로 사용하는 구어다. "That would be nice"라고 말하기도 한다.

"Why don't you have dinner with me one night?"

"*That would be nice.*"

"언젠가 저와 (함께) 저녁식사 하지 않으실래요?"

"좋아요."

거절할 때는 "I'd love to, but I can't"라고 말하는 것이 보통이다.

· join us

'join us'의 'join'은 '다른 누구와 함께 무언가를 한다'라는 의미다.

We're having a small Christmas party in my home this afternoon. Would you like to *join us*?

조졸한 크리스마스 파티가 저희 집에서 오늘 오후에 있습니다, 우리와 함께 하시겠습니까?

· say

'대체로' 라는 의미를 나타내며 숫자 앞에 사용한다.

We'll meet, *say*, at six o'clock.

우리 만날까요, 글쎄요*(대체로, 대충)*, 6시경에.

Would you like to go somewhere dinner?

I'd love to.

30 애매하게 Yes라고 말할 때는 I guess (so).

"Have you got time for a talk?"
"I guess so."
"잠깐 이야기할 시간은 있니?"
"(글쎄) 그럴거야."

1. "guess"는 '잘 모르지만 ……인 것 같이 생각된다' '근거는 없지만 왠지 ……인 것처럼 생각된다' 라는 의미다. 그중에서도 "I guess"와 "I guess so"는 애매하게 "Yes"라고 대답할 때 사용하는 말이다.

"I have to talk with you, and I'd like to do it over dinner. It's my treat. Say yes!"
"**I guess,**" Jack said, reluctant to commit.
"I'm going to take that as a yes," Laurie said.

"당신과 할 얘기가 있는데, 저녁 식사하면서 얘기하고 싶어요. 저녁은 내가 살게요. 약속해줘요!"
"**글쎄**" 하며 잭이 대답했지만 (약속이) 마음내키지 않았다.
"그 말은 약속한 걸로 받아들일게요" 하고 로리가 말했다.

— R. Cook, *Vector* (1999)

"Are you planning to go back to the States?" I shrugged my shoulders.

"너는 미국으로 돌아갈 계획이야?" 나는 어깨를 으쓱했다.

"**I guess so.** The army will send us back to the States for discharge." | "**(글쎄) 그럴거야.** 군 당국이 우리를 미국으로 보내서 제대시킬 거야."

— H. Robbins, *The Predators* (1999)

> 2. "**I guess (so)**"만 쓰는 용법 외에 "**I guess**" 앞이나 뒤에 문장이 오거나 "**I guess**" 앞에 어구가 오는 용법도 있다.

"You have never asked me out. I wonder why."
Tony was taken aback.
"I— I don't know. **I guess** it's because everyone else has, and you never go out with anybody." | "데이트 신청한 적 없잖아. 이유가 뭔지 궁금하네."
토니는 깜짝 놀랐다.
"나— 나는 몰라. **글쎄,** 다른 사람들이 (네게 데이트 신청을)해도 네가 어느 사람과도 데이트 한 적이 없으니까 **그럴거야.**"

— S. Sheldon, *Master of the Game* (1982)

"How many years were you a national champion, Gus?"
"A few, **I guess.**" She winked at Wick.
"He's modest." | "몇 년 동안 (로데오의) 내셔널 챔피언이었지, 거스?"
"**2, 3년 정도라고 생각해.**" 그녀는 위크에게 윙크를 했다.
"그는 겸손해."

— S. Brown, *The Crush* (2002)

영화의 한 장면

Kathleen : Hello, Christina. <u>It's a beautiful day.</u> Isn't it just the most beautiful day?

[Christina *looks up at the sky as if seeing it for the first time.*]

Christina : **I guess.** Yeah, sure.

캐슬린 : 안녕, 크리스티나. <u>화창한 날이다.</u> (최근 들어)제일 화창한 날이지 않니?

[크리스티나는 하늘을 처음 보는 것처럼 올려다보았다.]

크리스티나 : **(글쎄) 그럴거야.** 응, 그러네.

— 유 갓 메일(*You've Got Mail*, 1999)

네이티브는 이렇게 말한다

영국 네이티브는 "I guess" 쪽이 "I guess so" 보다 한층 더 주저하는 표현이라고 말한다. 오스트레일리아 네이티브는 "I guess"는 "I guess so"의 줄임말인데 그다지 사용하지 않는다고 한다. 또 "I guess" 또는 "I guess so"라는 대답을 들으면 '상대가 사실은 "No"라고 말하고 싶은 게 아닐까' 하고 생각해 버린다고 한다.

"Would you like to go to the beach today?"

"I guess so."

"Well, do you want to go or don't you?"

"오늘 바닷가에 갈래?"

149

"(글쎄) 그럴걸."

"가고 싶은 거야, 아닌 거야(어느 쪽이야)?"

지금 바로 사용할 수 있는 구어 표현

· over dinner

이 'over'는 '둘이서 음료수나 음식을 먹으면서'라는 의미다.

Can we talk about this *over coffee?*

이 건에 대해서는 *커피를 마시면서* 얘기할까요?

· Are you planning to go back to the States?

동사의 'plan'은 진행형으로 'planning to'라는 형으로 많이 사용한다.

We're *planning to* spend a couple more days there.

거기에 2~3일 더 머물 *계획입니다.*

'planning on ~ing'라고도 말하지만 'planning to' 쪽을 더 많

이 사용한다.

· It's a beautiful day.

아주 비슷한 표현에 'a fine day'가 있는데 이것은 영국식 표현이

며 미국에서는 'a beautiful day'라고 한다.

31 컨디션이 최고일 때는
Couldn't be better.

"How are you?"
"Perfect. *Couldn't be better.*"

"어떻게 지내니?"
"완벽해. *더 좋을 수가 없어(최고야).*"

1. "**Couldn't be better**"는 건강 상태를 물었을 때의 대답으로 '더 이상 컨디션이 좋을 수 없다' '최고다' '더 없이 건강하다' 라는 의미를 나타낸다.

"You feeling all right, Mr. Mc-Nally?" he inquired anxiously. "<u>Tiptop</u>, thank you, Herb," I said. **"Couldn't be better."**	"미스터 맥널리, 괜찮습니까?"하고 그가 걱정스러운 듯이 물었다. "<u>최고야</u>, 고마워, 허브"하고 내가 말했다. **"더 좋을 수가 없다는 말이군요."**

— L. Sanders, *McNally's Secret* (1992)

2. 이밖에 "**Never better / Never felt better / Never been better**" 등의 표현도 거의 같은 의미로 사용한다.

"How are you?" she asked. "Are you well?"	"안녕하세요?"하고 그녀가 물었다. "건강하시죠?"

"Never felt better," he said. | "(지금보다)더 건강한 적이 없어(최고야)"하고 그가 말했다.

— H. Robbins, *Descent from Xanadu* (1984)

"Hello," he said cautiously. | "여보세요." 그는 조심스럽게 전화를 받았다.

"Vincent, this is JeriLee." | "빈센트, 제릴리야."

"How are you, <u>baby</u>?" | "어떻게 지내, <u>아가씨</u>?"

"Okay," she said. | "잘 지내"하고 그녀가 대답했다.

"You?" | "너는?"

"**Never been better**," he said. | "**최고야**"하고 그는 말했다.

— H. Robbins, *The Lonely Lady* (1976)

3. 이 중 "**Couldn't be better / Never better**"는 '모든 것이 잘 되고 있다' 라는 의미로도 사용한다.

"<u>Am I disturbing</u> your work, then, Vern?" she had asked. | "지금 괜찮으세요(일 방해 하는 거 아니죠) 번?"하고 그녀가 물었다.

"No. Not a bit. How are you? Is everything all right?" | "아니, 전혀. 어떻게 지내? (하는 일들은)모두 잘되고 있어?"

"**Never better**." | "**더할 수 없이 좋아요(최고예요)**."

— I. Wallace, *The R Document* (1976)

영화의 한 장면

Conrad : <u>How long's it been</u>? Since Mom died… four years?

How are you?

Nicholas : **Never better.**

콘라드 : 얼마만 인거지? 어머니가 돌아가신 지… 4년만인가? 어
떻게 지내?

니콜라스 : 더 말할 나위 없이(최고로) 잘 지내.

— 게임(*The Game*, 1997)

네이티브는 이렇게 말한다

위에서 든 "Couldn't be better" 등 네 가지 표현은 'the best'
라는 의미를 과장해서 나타낸 것이다. 캐나다 네이티브는 건강 상태
를 물어왔을 때 "Fine, Thanks"나 "Great"를 사용한다고 한다.

영화 「오션즈 11(*Ocean's Eleven*, 2001)」를 보면 '건강하세요?' 라고
물었을 때 노인이 "Never better(팔팔하네)"라고 대답하는 장면이 있
다. 여기서 보더라도 이것이 과장된 표현이라는 것을 알 수 있다. 아
메리카 네이티브에 의하면 젊은 사람들은 "Awesome(최고의, 멋진)"
등으로도 말한다고 한다.

지금 바로 사용할 수 있는 구어 표현

· Tiptop

스스럼없이 쓰는 말로 '최고의' 라는 의미다. 구식 표현이지만 아름
다운 말이라고 하는 사람도 있다.

Her hair is thick, glossy and in *tiptop* condition.

그녀의 머리는 숱이 많고, 윤기가 있으며 *최고의 상태다.*

· baby

사랑하는 사람을 부르는 단어다.

Bye, *baby.* I'll be back by six.

다녀올게. 6시까지는 돌아올 거야.

젊은 여성에게 주로 사용하지만 실례가 될 때도 있다.

· Am I disturbing…?

상대의 형편(시간적인 여유 등)을 물을 때 많이 사용한다.

"*Am I disturbing* you?"

"No, not at all."

"지금 괜찮습니까(방해하고 있나요)?"

"네, 괜찮습니다."

· How long's it been?

"How long has it been?"을 말하는 것이다.

"*How long has it been* since you've seen Mary?"

"Some years."

"메리와 사귄지 얼마나 됐지?"

"몇 년(됐지)."

32 '(무언가에) 열중하고 있다' 고 말하고 싶을 때는 into

"I'm *into* aromatherapy."
"Really? Tell me about it."
"아로마 테라피에 열중하고 있어."
"정말? 나에게 이것에 대해 말해줘."

1. 이것은 'be + into + 명사' 의 형으로 사용하며 '……에 흥미가 있다' '……에 열중하고 있다' 라는 의미를 나타내는 표현이다.

"Tell me about yourself, Hans."
"I'm a DJ in Amsterdam at a great club. I'm **into** hip-hop, rave, world beat. You name it."

"당신에 대해 말해줘요, 한스."
"나는 암스테르담에 있는 일류 클럽의 DJ야. 나는 힙합, 레이브 (현란한 음악), 월드 비트(비전통적인 대중음악) 등에 **몰두하고 있어**. 그 밖에 뭐든지."

— S. Sheldon, *Tell Me Your Dreams* (1998)

"Do you have any idea if he was **into** drugs?"
"Dennis? Hell, no. He was a health nut."

"그가 마약에 **빠져 있었단 걸** 아십니까?"
"데니스가? 이런, 아냐. 그는 건강을 잘 챙기는 사람이었어."

— S. Sheldon, *Tell Me Your Dreams* (1998)

"What are you writing?"	"뭘 쓰고 있는 거야?"
"Stories."	"소설이야."
"Any particular kind?"	"어떤 특정한 종류?"
"Yeah."	"응."
"What kind?"	"어떤 종류야?"
"Science fiction."	"과학 소설."
"That's interesting. I didn't know you were **into** that."	"그거 흥미로운데. 네가 그런 것에 **열중하고** 있다니 몰랐어."

— G. Gipe, Back to the Future (1985)

2. 'into' 앞에는 'very / really / completely / heavily' 등의 단어가 오는 경우도 있다

"I'm **very into** palm reading. I'm good at it."	"나는 손금 보는데 **상당히 빠져 있어.** 손금을 잘 봐(손금을 보는데 능숙해)."

— H. Robbins, Dreams Die First (1977)

영화의 한 장면

[병으로 의식 불명이 된 아버지에게 8세 여자아이가 말을 걸고 있는 장면]

Lorraine : Anyway, what I'm really **into** these days is ballet. You and Mom used to say that it was old-fashioned, but I swear it's really cool.

로레인 : 아무튼, 내가 최근에 푹 **빠진 건** 발레예요. 아빠와 엄마는 이것이(발레가) 이미 유행이 지났다고 말하지만, 정말이지 발레는

최고로 멋있어요.

— 업타운 걸스(Uptown Girls, 2003)

네이티브는 이렇게 말한다

아메리카 네이티브는 이 'into'의 사용이 1960년대 경부터 퍼지기 시작했다고 한다. 캐나다 네이티브는 'into'가 스스럼없는 표현이지만 비즈니스를 할 때 써도 괜찮다고 말한다. 케나다 네이티브에 의하면 이 'into'와 같은 의미로 'crazy about'이 있다고 한다.

My sister's **crazy about** scuba diving.

여동생은 스쿠버다이빙에 **열중하고 있다**.

지금 바로 사용할 수 있는 구어 표현

· You name it.

'그밖에 뭐든지'라는 의미로 몇 가지 예를 든 후에 사용한다.

She was very successful. Her work took her all over the world. Italy, England, Japan, *you name it.*

그녀는 대단히 성공했더군. 일 때문에 전 세계를 날아다니고 있었어. 이탈리아니 영국이니 일본, *그밖의 모든 국가로(말이야).*

· Hell, no.

강하게 "No"라고 말하고 싶을 때 쓰는 표현이다. 실례되는 말이 될 수 있으니 주의가 필요하다.

"Are you working late tonight?"

157

"Hell, no!"

"오늘 밤 늦게까지 일할거니?"

"아니, 전혀 아냐!"

· **nut**

'(무언가에) 열중하고 있는 사람'을 말한다.

I'm a real fish *nut.* I really like fish.

난 물고기 *매니아야.* 정말 물고기를 좋아해.

'**freak**' 도 같은 의미로 쓴다.

He is a camera *freak.*

그는 카메라 광이다.

· **I swear**

내 말을 상대가 믿어주지 않는다고 생각했을 때 사용한다.

"I really like Catherine. I'm going to ask her out."

"But she's already married."

"No! I don't believe you."

"*I swear* she is. Her husband works in my office."

"캐서린을 좋아해. 데이트 신청하려고 생각하고 있어."

"그런데 그녀는 이미 결혼했어."

"아냐! 네 말 못 믿어."

"*정말이야,* 그녀가 결혼했다는 것은. 그녀의 남편이 우리 회사에서 근무해."

33 단념하는 기분으로 대화를 일단락 짓고 싶을 때는 Whatever you say.

"We'll go in your car, Billy."
"*Whatever you say.*"
"빌리, 우린 네 차로 갈 거야."
"좋을 대로."

1. "Whatever you say"는 "Whatever you say is OK with me(당신이 말하는 것은 무엇이든 OK입니다)"의 줄임말로, 보통 상대방이 말하고 있는 것을 체념하며 마지못해 받아들일 때 사용한다. 대화를 일단락 짓고 싶을 때 사용하는 스스럼없는 구어다.

"My roommate is at a party tonight. Why don't we stop up at my place?" He smiled.

"I have some paintings I'd like to show you."
Alette squeezed his hand.
"Not yet, Richard."
"**Whatever you say.** I'll see you next weekend?"
"Yes."

(미술관에서 나온 후에) "룸메이트가 오늘 밤 파티에 갔어. 내 집에 들렀다 가지 않을래?" 그는 미소 지었다.
"네게 보여주고 싶은 그림이 몇 개 있어."
알레트는 그의 손을 꼭 잡았다.
"아직 안돼, 리차드"
"**알았어(좋을 대로 해). 오는 주말에 만날까?"
"좋아."

— S. Sheldon, *Tell Me Your Dreams* (1998)

2. "Whatever you say"를 "Whatever"라고 줄여 말하는 경우도 있다. 다음 예에서 두 가지 형태가 모두 사용되고 있다.

"Give it up, Fitch. And call off the dogs."
He exhaled heavily while shrugging in utter bewilderment.
"Fine. **Whatever.** I just wish I knew what you were talking about."
"You do. One more phone call and it's over, okay?"
"Okay. **Whatever you say.**"

"포기해, 피치. 그리고 휴식을 취해."
그는 당황해 어깨를 으쓱이면서 깊은 숨을 내쉬었다.
"좋아. **네 말대로 할게.** 네가 무슨 말을 하는지 정말 알고 싶다."
"넌 알고 있어. 한 번 더 전화오면 끝이야, 알았어?"
"알았어, **좋을 대로 해.**"

— J. Grisham, *The Runaway Jury* (1996)

3. 이밖에 '당신이 말하는 것이라면 무엇이든 듣겠습니다' '네, 알겠습니다' 라는 의미를 나타낼 때도 사용한다.

"And please don't tell Clayton I came to see you. Well, you can tell him if he asks; my secretary knows I came here. But don't tell Clayton what we talked about."
"**Whatever you say, Sol.**"

"클레이턴에게는 내가 너를 만나러 온 걸 말하지 마. 저-, 그가 묻는다면 그에게 말할 수는 있어; 내 비서가 내가 여기 온 걸 알아. 하지만 클레이튼에게 우리가 무슨 이야기를 했는지는 말하지마."
"**네, 알겠습니다, 솔.**"

— L. Sanders, *The Seventh Commandment* (1991)

Summer : Hey, Cher! Is it true some gang members tried to shoot Tai in the mall?

Cher : No.

Summer : That is what everyone is saying.

Cher : **Whatever.**

서머 : 셰르! 산책길에서 갱단들이 타이를 쏘려고 했다는 게 정말이야?

셰르 : 아냐.

서머 : 모두 그렇게 말하는데.

셰르 : **좋을 대로 생각해.**

— 클루리스(*Clueless*, 1995)

네이티브는 이렇게 말한다

영국 네이티브는 "Whatever you say"가 잘못하면 빈정대는 것처럼 들리는 경우가 많기 때문에 "All right then"을 사용한다고 한다. 오스트레일리아 네이티브도 한 마디로 "Whatever"라고 말하는 것은 아메리카식 표현이라고 했다.

영화 「업타운 걸스(*Uptown Girls*, 2003)」에서 처음 유원지에 가는 여덟 살 부자 여자아이에게 주인공 여성이 "Ray, you are so psyched(레이, 너 몹시 설레고 있구나)!"라고 말하는 장면이 있다. 이 말에 조숙한 레이는 "*Whatever*(좋을 대로 생각해요)"하며 응수한다.

161

지금 바로 사용할 수 있는 구어 표현

· Why don't we…?

"Let's"의 의미로 많이 사용한다.

Why don't we go out for pizza or something?

나가서 피자나 뭐 먹자.

· psyched

1960년대부터 사용하기 시작한 말로 '설레고 있다' 라는 의미다.

I'm so totally *psyched* you're back.

당신이 돌아와서 너무 *설레요.*

34 확신을 가지고 '틀림없이……'라고 말할 때는 I('ll) bet…….

"*I bet* it will rain tomorrow."
"Or maybe snow."
"내일은 *틀림없이* 비가 올 거야."
"혹은 눈이 올지도."

1. "bet"는 본래 '(목숨이나 큰 돈 등을) 건다'는 의미를 나타내는데 "I('ll) bet…"는 '내기해도 좋을 정도로 확신이 있다' '꼭 ……이다'라는 뜻으로 사용한다.

A bald-headed man dressed in plaid slacks and a Hawaiian sport shirt came up to her. "I'll **bet** you get tired of people telling you you're beautiful, honey."	격자무늬 바지와 하와이풍 스포츠셔츠를 입은 대머리 남자가 그녀에게 다가왔다. "아가씨, 사람들에게 예쁘다는 말 듣는 게 정말 지긋지긋하죠?"

— S. Sheldon, *Master of the Game* (1982)

2. "I('ll) bet"를 문장 뒤에 놓을 수도 있다.

"I'd like to give her something spectacular this year. Someth-	"올해엔 (열 살짜리) 딸에게 특별한 생일 선물을 해주고 싶어. 그 애

ing that will knock her out."
"This shouldn't be too
tough. Girls that age aren't
hard to please. Anyway,
she'll like whatever you
give her, **I'll bet.**"

"가 기절할 만한 것으로 말이야."
"그렇게 어려운 건 아냐. 그 또래의
여자아이를 기쁘게 하는 건 힘들지
않아. 당신이(그녀에게) 주는 것은 무
엇이든지 좋아할거야, **틀림없이.**"

— J. Guest, *Second Heaven* (1982)

3. "**I('ll) bet**"만 단독으로 사용하면 '설마' '믿을 수 없다'라
는 의미가 되는 경우가 많으니 주의가 필요하다. 이 경우에는
'**I('ll)**'를 강하게 발음한다.

"And he speaks so highly
of you."
"**I'll bet.**"
"You're right. He thinks
you're <u>a jerk.</u>"

"그는 너를 높이 평가하고 있었어."

"**설마.**"
"너의 말이 맞아. (사실)그는 너를
<u>바보</u>라고 생각해."

— S. Brown, *The Crush* (2002)

4. "**I('ll) bet**"과 관련된 표현으로 "**You bet**"이 있다. 이 말은
'물론 좋아' '맞는 말이야' '맡겨둬' 등의 뜻을 가진 "**Of
course**"나 "**Certainly**"와 거의 같은 의미로 사용한다.

"Anything we got and you
want, you can have."

"여기 있는 것 중에서 원하는 것은
뭐든지 네가 가질 수 있어."

Winking at her, he said.
"I'll start with the chicken fried steak. Gravy with that?"
You bet.

그녀에게 윙크하며, 그가 말했다.
"우선 치킨 스테이크부터 먹자. 그레이비소스 쳐서 먹을까?"
"물론."

— S. Brown, *The Crush* (2002)

영화의 한 장면

Nora : Cigarette?

Max : No, thank you.

Nora : I know, I know. Smoking'll kill me.

Max : That's right.

Nora : Oh, come on, lecture me. I love it.

Max : I don't lecture.

Nora : Oh, **I bet** you lecture everybody.

노라 : 담배 어때(필래)?

맥스 : 아니 됐어.

노라 : 그래, 맞아. 흡연은 나를 죽일거야(담배는 몸에 해로우니까).

맥스 : 맞는 말이야.

노라 : 오, 그래, (얼마나 몸에 해로운지)나에게 설교해봐. 나 그런 거 좋아해.

맥스 : 난 설교는 안해.

노라 : 오, **틀림없이** 너는 모든 사람에게 설교하잖니(설교하는 사람이야).

— 하얀 궁전(*White Palace*, 1990)

네이티브는 이렇게 말한다

영국 네이티브는 문장 뒤에 "I('ll) bet"이 올 때는 앞에 올 때보다 확신하는 정도가 높아진다고 말한다. 또 "You bet"은 상당히 친한 사이에서만 사용한다고 한다.

오스트레일리아 네이티브는 '설마' '믿을 수 없다'라는 의미를 나타내는 "I('ll) bet"은 정중한 표현이 아니라고 말한다. 또 이 말 앞에 "Yeah[=yes]"를 붙이면 부정의 의미가 더 커진다고 한다.

"I was really worried about you."

"Yeah, I'll bet."

"너를 정말로 걱정했어."

"에이, 설마."

지금 바로 사용할 수 있는 구어 표현

· a jerk

스스럼없는 표현으로 '세상 물정 모르는 사람' '바보'라는 의미다.

He makes me so mad. He's a jerk.

그는 나를 너무 화나게 해(녀석과 얘기하고 있으면 화가 나). 그 녀석은 정말 바보야.

· yeah

"yes"의 스스럼없는 표현이다.

"Can you understand that?"

"Yeah, Mom, I understand."

"알았어?"

"응, 엄마, 알았어요."

이 말은 정중한 표현은 아니다. 영화「덴저로스 뷰티(Miss Congeniality, 2000)」를 보면 여성 형사가 몇 번이나 "Yeah"라고 대답하는 사람을 "Yes"라고 고쳐 말하라고 나무라는 장면이 있다.

I miss you.

Yeah, I'll bet.

35 정중하게 고마움을 표현할 때는
I appreciate it.

"Thank you for coming over. *I appreciate it.*"
"You're quite welcome."
"와주셔서 고맙습니다. *정말 감사합니다.*"
"천만에 말씀입니다."

---

1. "I appreciate it"은 '감사하게 생각한다' '은혜를 입었습
니다'라는 의미로 정중하게 고마움을 표현할 때 사용한다.

"Is everything all right?" Paige asked.	"잘 지내고 있지?"하고 페이지가 물었다.
"You know we love you, and if there's a problem, we'd like to help."	"우리가 너를 사랑하고 있다는 것을 알잖니, 만일 어떤 문제가 있다면, 도와주고 싶어"
"Thanks. **I appreciate it.**"	"고마워요. **정말 고마워요.**"

— S. Sheldon, *Nothing Lasts Forever* (1994)

"You're awfully good to her, Ethan. **I appreciate it.**"	"그녀에게 정말 잘해 주었더구나, 이산. **고마워.**"

— N. Roberts, *Rising Tides* (1998)

---

2. 여기에 "it" 대신 "that"을 사용하여 "I appreciate that"

이라고 말하기도 한다.

"And since you're new in town and we don't know each other that well, I won't ask anything that might seem too personal."	"당신이 도시에 새로 왔고 우리가 아직 서로에 대해 잘 알지 못하니까 개인적인 것은 많이 묻지 않을게."
"I appreciate that."	"고맙습니다."

— N. Sparks, *A Bend in the Road* (2001)

3. 또 상대방에게 무언가를 부탁할 때는 'd를 붙여서 "I'd appreciate It/that"의 형태로 사용하며 '잘 부탁합니다' 라는 뜻이다.

"I'm <u>pretty</u> good about investments," Donald said. "Maybe I can give you some advice."	"나 투자는 꽤 잘하는 편이야" 라고 도널드가 말했다. "어드바이스 해줄까?"
"Oh, I'd appreciate that." Sharon told him.	"그래, 부탁해." 샤론이 그에게 말했다

— S. Sheldon, *The Million Dollar Lottery*

영화의 한 장면

Roy : Hi, Betty. You're looking good.

Betty : Thanks, Roy, you're sweet⋯ a big liar, but sweet.

I liked your editorial this morning.
Roy : **Oh, appreciate it. [=I appreciate it.]**

로이 : 야, 베티, 멋있다.
베티 : 고마워, 로이, 넌 사랑스러운 허풍쟁이지만 (나를 예쁘다고 말
해주고) 귀엽다. 오늘 아침 너의 기사, 좋았어.
로이 : **응, 고마워.**

— 너스 베티 (*Nurse Betty*, 2000)

네이티브는 이렇게 말한다

오스트레일리아 네이티브는 "**I appreciate it**"은 "**Thank you**"
보다 딱딱한 표현이라고 한다.

영국 네이티브는 "**I'd appreciate it**"은 "**I would appreciate
it if you did that** (만약 당신이 그것을 해준다면 감사하겠습니다)"라는 의
미라고 말한다.

아메리카 네이티브는 이 "**I'd appreciate it**"가 상대의 부탁을 받
아들이는 "**Yes, please**"와 같은 의미라고 한다.

"Is the music too loud for you? I can turn it down."

"**I'd appreciate it.**"

"음악 소리가 너무 시끄럽죠? 볼륨을 줄여드릴게요."

"**부탁합니다.**"

이 경우에 "**I'd appreciate it**" 대신 "**Please**"를 사용하면 그다지 정

중한 표현이 아니고 **"Turn it down"**을 사용하면 실례가 된다고 한다.

지금 바로 사용할 수 있는 구어 표현

· Is everything all right?

상대를 걱정해서 묻는 표현이다. 상대를 안심시킬 때는 "Everything is going to be all right(전부 다 잘 될 거야)"하고 말한다.

· awfully

구어로 'very'의 의미를 나타낸다. 여성이 많이 사용한다.

Helen looks *awfully* tired.

헬렌이 *너무* 피곤해 보인다.

· pretty

'제법' '상당히'라는 뜻으로 사용한다.

"How are you feeling?"

"Oh, *pretty* good."

"기분이 어때?"

"응 *상당히* 좋아."

36 그것으로 족하다고 말할 때는 ···will do.

"If you don't have a pen, a pencil *will do.*"
"I don't have either, though."

"펜이 없다면 연필이라도 괜찮습니다."
"하지만 그것도 없어요."

1. **"주어 + will do"**는 주어로 오는 것이 질이나 양적으로 (때로는 간신히) 조건에 맞다는 것을 나타내며, '······로 족하다' '······로 충분하다' 라는 의미로 사용한다.

"What would you like to eat?"
Her insides were shaky,
telling her that she needed
to eat something, even if she
wasn't certain she could hold
a fork.

"Anything. Fast food **will do.**"

"뭐 좀 드시겠습니까?"
그녀의 배는 (부들부들) 떨렸으며, 뭔가를 먹을 필요가 있다고 그녀에게 말하고 있었다(뭔가를 먹어야 한다고 생각했다), 비록 그녀가 포크를 쥘 수 있는 힘이 없다 하더라도 말이다.
"뭐든 좋아요. **패스트푸드라도** 좋아요."

— L. Howard, *Cry No More* (2003)

2. 또 이 표현은 **"for me"**나 **"nicely"**를 뒤에 사용할 수도 있다.

"There's an Air China flight leaving at 7:40 p.m. Friday night."
"That **will do nicely**."

(공항의 카운터에서) "금요일 밤, 오후 7시 40분발 차이나 항공편이 있습니다."
"**그거면 됐어요.**"

— S. Sheldon, *The Doomsday Conspiracy* (1991)

"We have scotch, vodka, and champagne, ice is on the table. If there is anything more you need, I'll call a waiter."
"Scotch **will do for me**."

"스카치와 보드카, 샴페인이 있고, 얼음은 테이블 위에 있습니다. 만약 필요한 것이 더 있으시면, 웨이터를 부르겠습니다."
"**저는 스카치면 돼요.**"

— H. Robbins, *The Piranhas* (1986)

3. 또 "do" 뒤에 목적어를 붙여서 사용할 수도 있다.

"Well… you know." Suarez said with his wry smile.
"Some retired cops prefer to be addressed by their formal rank－captain, chief, deputy… whatever."
"Mister **will do me fine**."

"저어…." 스와레즈는 말하면서 쓴웃음을 지었다.
"몇몇 퇴직한 경찰은 의례적인 계급으로 불려지는 것을 더 선호한다 － 경감, 서장, 보좌관 … 등등."
"**나는 미스터로 족해.**"

— L. Sanders, *The Fourth Deadly Sin* (1985)

영화의 한 장면

[*Reluctantly, the girl sits at the instrument.* Mozart *sits beside her.*]

Mozart : Now, please play me something.

Just to give me an idea. Anything **will do.**

[*마지못해 소녀가 악기 앞에 앉는다. 모차르트도 그녀의 곁에 앉는다.*]

모짜르트 : 자, 나에게 뭐 좀 연주해 보거라.

정말 나에게 아이디어가 떠오르도록. **뭐든 좋아.**

— 아마데우스(*Amadeus*, 1984)

네이티브는 이렇게 말한다

영국 네이티브는 'do' 뒤에 'for me'나 'nicely'를 붙이면 조건에 잘 맞는다는 것을 강조하는 의미라 한다. 또 아이에게 "That will do"하고 말하면 '하고 있는 것을 그만 두어라' 라는 뜻이 된다고 한다.

That'll do, Timothy! Please just sit down and keep quiet.

그만해, 티모시! 가만히 앉아서 조용히 해.

캐나다 네이티브는 이 "**That will do**"를 '그 이상의 서비스는 필요하지 않다' 라고 말할 때도 사용한다고 한다.

"I finished the vacuuming. Do you want me to clean the bath tub?"

"No, **that'll do.**"

"청소가 끝났습니다. 욕조를 닦을까요?"

"아니, **그거면 충분해요.**"

여기서 "That will do"는 '충분하다. 그 이상은 됐다' 라는 의미를 나타낸다.

지금 바로 사용할 수 있는 구어 표현

· Anything

'anything'은 '무엇이든' 이라는 뜻이다. 'any+명사' 의 형태인데 'any' 만 단독으로 써도 같은 의미가 될 수 있다. 조동사와 함께 많이 사용한다.

Oh, that's really too easy. *Any* child can do that.
너무 간단하군. *어떤* 아이라도 할 수 있겠어.

· whatever

'or whatever' 는 같은 종류의 예를 몇 가지 든 뒤 '그와 같은 것' 이라고 말하며 정리하는 역할을 한다.

You can have your choice of beverage; coffee, tea, juice
or *whatever* you'd like.
음료를 선택할 수 있습니다; 커피, 차, 쥬스, 당신이 좋아하는 것은
무엇이든지.

37 가볍게 항의할 때는
Come on.

"I'm starving."
"*Come on!* You only had lunch two hours ago."
"배고파."
"*무슨 소리야!* 2시간 전에 점심 먹어 놓고선."

1. "**Come on**"에는 몇 가지 의미가 있는데 여기서는 상대에게 가벼운 항의를 하는 것으로 사용된다. '무슨 소리하고 있는 거야' '그만둬' '잘도 말한다' 등에 해당된다.

"Why didn't you give your name to 911?"
"I don't know."
"**Come on,** Mark, there must be a reason."
"I don't know. Scared, I guess."

"911(경찰)에 전화했을 때 왜 이름을 말하지 않았어?"
"몰라."
"**무슨 소리야,** 마크, 무슨 이유가 있구나."
"모른단 말이야. (아마)겁이 났었나 봐."

— J. Grisham, *The Client* (1996)

2. 앞에 "**Oh**"를 붙여서 "**Oh, come on**" 형으로도 많이 사용한다.

"Didn't he love her?"
"I have no idea."
"Oh, come on…"
"I'm serious."

"그는 그녀를 사랑하지 않았나?"
"모르겠어."
"오, 무슨 소리하고 있는 거야…"
"정말이야."

— N. Sparks, *A Bend in the Road* (2001)

3. 다음과 같이 **"on"**쪽을 강하게 발음할 때는 **"C'mon"**이라고 쓰는 경우도 있다.

"She's absolutely gorgeous."
"What?"
"How come you never told me Laura was so beautiful?"
"Because she's not," he said straightforwardly.
"I mean, compared to you—"
"C'mon, compared to her, I'm nothing."

"그녀는 절세미인이야."
"뭐라고?"
"왜 너는 나에게 로라가 그렇게 아름답다고 말해 주지 않았어?"
"그녀는 아름답지 않으니까" 하고 그는 솔직하게 말했다.
"내 말 뜻은, 너와 비교한다면-."
무슨 소리야, 그녀에 비하면, 나는 아무것도 아닌걸."

— E. Segal, *Doctors* (1988)

영화의 한 장면

Sam : When Nancy gets back, you're my witness. The baby spoke. My daughter said a word.
Kaffee : Your daughter made a sound, Sam, I'm not sure

it was a word.

Sam : **Oh come on**, it was a word.

샘 : 낸시가 돌아오면, 너는 나의 증인이야. 아기가 말을 했어. 내
딸이 말을 했단 말이야.
캐피 : 네 딸은 소리만 냈을 뿐이야, 샘, 이것이 말이었다고는 확신
못해.
샘 : **오 무슨 소리야**, 이것은 말이야.

— 어 퓨 굿 맨(*A few Good Men*, 1992)

네이티브는 이렇게 말한다

오스트레일리아 네이티브는 이 표현을 상대방이 말한 것을 믿을 수
없을 때나 과장된 말을 하고 있다고 생각했을 때 사용한다고 한다. 또
오스트레일리아나 영국에서는 같은 의미로 "Come off it"도 사용한
다고 한다.

발음은 'come'을 강하게 발음하는 사람도 'on'을 강하게 발음
[=C'mon]하는 사람도 있다.

다음은 영화 「스쿨 오브 록(*School of Rock*, 2004)」에서의 한 장면인
데 'come'이 강하게 읽혀지고 있었다.

"Dewey, hey, it's the first of the month, and uh, I would
like your share of the rent now, please."

"Oh, man, you know I don't have it. You wake me up for
that? **Come on, man!**"

"듀이, 저어 월초니까, 저–, 집세를 지금 주길 바라, 제발."

"오, 이 사람아, 너는 내가 집세가 없다는 걸 알잖아. 그런 일로 나를 깨우는 거야? **그만 좀 해,** 이 사람아!"

지금 바로 사용할 수 있는 구어 표현

· I have no idea.

본래는 "I don't know"보다 강한 표현이었지만 지금은 "I don't know"와 거의 같은 의미로 사용한다.

"Do you know where he is?"

"*I have no idea.*"

"그가 어디 있는지 아니?"

"*나는 몰라.*"

· I mean

"I mean"은 크게 두 가지 용법으로 나누어 사용한다.

첫째로 자신이 한 말을 보충설명 할 때 쓴다.

"Did that make you angry? Her dating, *I mean?*"

"No, not at all. I wanted my mom to be happy."

"그것 때문에 화났니? 엄마의 데이트 때문에?"

"아니에요, 전혀 아니에요. 나는 엄마가 행복하시기를 원해요."

둘째로 자신이 한 말을 정정할 때 사용한다.

Let's ask Mark. *I mean* Marco.

마크에게 물어보자. *나는 마르코를 말하는 거야.*

38 '······하고 싶어 견딜 수 없다'고 말할 때는
be dying to

"I'm dying to meet her."
"She's coming here in a few minutes."
"그녀를 만나고 싶어 못 견디겠어."
"곧 그녀가 이리로 올 거야."

1. "be dying to···"의 원뜻은 '······하기 위해서라면 죽음도 마다하지 않는다'이지만, 스스럼없는 표현으로 '······하고 싶어 견딜 수 없다'라는 뜻도 있다. 친한 상대에게만 쓸 수 있는 말이니 주의가 필요하다.

Ben looked back at Ober.
"Believe me, I **was dying to** tell him. But in the end, I felt the fewer people who knew, the better."

벤이 오버 쪽을 돌아보았다.
"정말이야, 그에게 **말하고 싶어 견딜 수 없었어.** 그러나 결국 난 아는 사람이 적으면 적을 수록, 더 낫다고 느꼈어."

— B. Meltzer, *The Tenth Justice* (1997)

"Listen, I want to borrow Brett for a few minutes. I've got a friend who's **dying to** meet him."

"저어, 브레트를 잠깐 빌려 줄래. 그를 꼭 **만나고 싶다는** 친구가 있어."

— L. Sanders, *Guilty Pleasures* (1998)

"Do you know, Sara," he confessed, "I've **been dying to** ask you out since the very first minute I saw you."
She looked at him with sudden brightness in her eyes.

"너 알고 있니, 사라야"하며 그가 고백했다, "처음 만났을 때부터 계속 너에게 데이트 신청을 **하고 싶었다는 것을.**"
그녀는 갑자기 눈을 반짝이며 그를 쳐다보았다.

— E. Segal, *The Class* (1985)

2. 같은 의미로 "be dying for"라는 표현이 있다.

"**Are** you **dying for** a wife and a bunch of kids?" She smiled at him.

"아내가 있고 아이가 많이 있는 생활을 **진심으로 바라는 거야?**"
그녀는 미소 지으며 그를 쳐다보았다.

"I don't think so."

"그렇게 생각하지는 않아."

— D. Steel, *Lone Eagle* (2001)

영화의 한 장면

[스튜는 무심코 울리고 있는 전화의 수화기를 들었다. 그러자 상대방이 '전화를 끊으면 목숨은 없다' 라고 협박했다.]

Stu : That's it. This call is ended.

Voice : Not until I say it is.

Stu : What happens if I hang up?

Voice : You don't really want to find out.

Stu : **I'm dying to** hear this!!!

스튜 : 됐습니다. 전화 끊습니다.

보이스 : 내가 끝났다고 말할 때까지는 (끝난 것이)아니지.

스튜 : 전화를 끊으면 어떻게 되죠?

보이스 : 사실은 알고 싶지 않을텐데.

스튜 : **정말 꼭 듣고 싶어요!!!**

— 폰 부스(*Phone Booth*, 2002)

네이티브는 이렇게 말한다

아메리카 네이티브는 "**be dying to**"가 과장된 표현으로 여성들이 많이 사용한다고 한다.

다음은 영화 「스쿨 오브 록(*School of Rock*, 2004)」 속의 한 여성이 "**be dying to**"를 사용하는 장면이다.

Well, **I've been dying to** ask you something.

저어, 쭉 묻고 싶은 게 있어 **죽을 지경이었어.**

오스트레일리아 네이티브는 "**be dying to**"를 빈정대는 말로 사용 하는 경우도 있다고 한다.

"This week's lecture is going to be about the use of genetic analysis in tracing population movements."

"Oh, **I'm dying to** hear all about it. [=How boring!]"

"금주 강의는 '인구 이동의 추적에 있어서 유전학적 분석 효용'이
다."

"아, 그거 들으려면 **죽을 지경이겠다**. [얼마나 지루할까!]"

지금 바로 사용할 수 있는 구어 표현

· Believe me
'정말로' '거짓말이 아니다'라는 뜻이다. 자신이 확신하고 있는 것
을 말할 때 도입으로 사용한다.

Believe me, I am a man you can trust.

정말입니다, 나는 당신이 믿을 수 있는 사람입니다.

· Listen
상대방의 주의를 끌기 위한 표현으로 문장의 처음에 사용한다.

Listen, can I call you back late?

저어, 나중에 다시 걸어도 되겠습니까?

"Look"이라고도 말하지만 "Look"은 "Listen"과는 달리 '초조해 하
는 마음'을 나타낼 때 많이 사용한다.

Look, I'm very serious about this.

알았어, 난 이것에 대해서는 진지하단 말이다

· I don't think so.
주저하면서 "No"를 표현할 때 쓰는 말이다.

"Is he serious about her?"

"*I don't think so.* Just a friend."

"그는 그녀를 진지하게 생각하고 있어?"

"*나는 그렇게 생각하지 않아.* 단지 친구로만(생각해)."

주저하듯이 "Yes"라고 말할 때는 "I think so"라고 말한다.

"Do you have enough money?"

"*I think so.*"

"돈은 충분히 있어?"

"*그럴거라고 생각해.*"

이때 "I think so"는 '나도 그렇게 생각한다 [=I think so, too.]'와 같은 의미가 아니다.

39 '아마도' 라고 말할 때는
Could be.

"Did he propose to her last night?"
"*Could be.*"

"그가 그녀에게 어젯밤에 프러포즈했니?"

"*아마 그랬을 거야.*"

---

1. "Could be"는 "maybe"와 같이 '아마' '그럴지도 모른다' 라는 의미를 나타낸다.

"He bruised it(=her wrist)? Deliberately?" "I don't know. **Could be.** It was swollen and purple."	"그가 그녀의 손목에 타박상을 입혔다고? 고의로 말이야?" "모르겠지만 **아마 그럴 거야.** 부풀어 올라 멍들었어."

— M. H. Clark, On the Street Where You Live (2001)

"Brett, do you think there's anything going on between Zoe and Simon?" "**Could be,**" he said.	"브레트, 조와 사이먼이 사귀고 있다고 생각하니?" "**아마 그럴 걸**"하고 그가 대답했다.

— L. Sanders, Guilty Pleasures (1998)

2. 이밖에 "Could be" 뒤에 어구나 문장이 오는 경우도 있다.

"What started the fire?" Reggie asked.
"Don't know right now. The fire inspector will be on the scene this morning. **Could be** electrical."

"화재 원인이 뭘까?"하고 레지가 물었다.
"지금은 모르겠습니다. 화재조사관이 현장에 오늘 오전에 갈 것입니다. **아마** 전기 때문이겠죠."

— J. Grisham, *The Client* (1996)

"The word's out that your town's <u>goin'</u> a little wild; there's no one controlling it."
"<u>*I'm*</u> controlling it."
"Maybe it's too much for you. **Could be** you're working too hard. Maybe you need a little rest."

"당신이 사는 시내가 조금 황폐해졌다는 소문이야; 통제하는 사람이 없다고 하던데."
"*내가* 통제하고 있어."
"아마 너에게는 지나친 부담일 거야. 당신은 하는 일이 너무 많은 **것 같아**. 아마 휴식이 좀 필요할 거야."

— S. Sheldon, *If Tomorrow Comes* (1985)

영화의 한 장면

[*The elevator suddenly stops.*]
Patricia : <u>Shit</u>.
Veronica : Shit.
Joe : Is it stuck?
Charlie : **Could be.**
[*He pushes the open button. Nothing.*]

[엘리베이터가 갑자기 멈춘다.]

패트리시아 : 어.

베로니카 : 어.

조 : 도중에 멈추었나?

찰리 : **그런가 봐.**

[그가 엘리베이터 '열림' 버튼을 누르지만 전혀 반응이 없다.]

— 유 갓 메일(*You're Got Mail*, 1998)

네이티브는 이렇게 말한다

아메리카와 오스트레일리아 네이티브는 모두 'might be'를
'maybe'나 'could be'와 같은 의미로 사용한다고 한다.

"The light is on at the back of the house. He **might be**
home."

"Yeah, **might be.**"

"집 뒤에 불이 켜져 있어. 그가 집에 **있는지도 몰라.**"

"그래. **있을지도 모르겠다.**"

그리고 'must be(틀림없다)'도 단독으로 사용한다고 한다.

"He doesn't answer the phone. He **must be** out."

"**Must be.**"

"그가 전화를 받지 않아. **틀림없이** 외출했어."

"**틀림없어.**"

187

지금 바로 사용할 수 있는 구어 표현

· goin'

스스럼없이 표현되는 구어로 발음이 거칠어지고 그것을 그대로 글자로 나타내는 경우가 있다.

How 'bout[=about] some Christmas music?

크리스마스 음악은 어때?

He has somethin'[=something] to show you.

그가 당신에게 보여주고 싶은 게 있어.

· I'm

소설 등에서 이탤릭체로 표기 되어 있는 부분은 강하게 읽는다. *I'm* 은 '다른 누구도 아닌 내가' 라는 의미다. 다음 문장의 'tonight' 도 이탤릭체로 표기하면 '아침이 아닌 오늘 밤' 이라는 뜻이 된다.

"I'll send the package in the morning."

"No, you'll send it *tonight*."

"짐은 아침에 보낼게."

"아니, *오늘 밤* 보내줘."

· shit

분노나 초조함을 나타내는 표현으로 품위 있는 말은 아니다.

40 '오랜만' 이라고 말할 때는
It's been a long time.

"It's been a long time, Sam."
"Much too long."
"오랜만이야, 샘."
"그러게 오랜만이네."

1. 이 표현은 오랫동안 만나지 않았거나 연락을 하지 않았던 사람에게 흔히 쓰는 표현으로 '오랜만' 이라는 의미를 담고 있다.

"Yes. Who is this?"
"This is Jeff Kerr, Beverly. **It's been a long time.**"

(수화기에 대고) "네, 누구십니까?"
"나 제프 카야, 비벌리. **오랜만이다.**"

— J. Grisham, *The Runaway Jury* (1996)

A voice came from behind me in the back seat.
"Señor Stevens," a man's Spanish-accented voice said.
"**It's been a long time.**"
I looked in the rearview mirror.
"**It's been a long time,**" I said.

소리가 내 뒷좌석에서 났다.

"스티븐스 씨." 스페인 악센트 남자의 목소리였다.
"**오래간만이야.**"
나는 후방거울(백미러)을 봤다.
"**오랜만이군**"하고 나도 말했다.

— H. Robbins, *The Predators* (1998)

2. 또 이와 비슷한 표현으로 "Long time no see"도 사용한다. 이 말은 문법적으로는 맞지 않지만 농담 삼아 사용하는 사이에 일반화된 것이며 허물없는 사이에서만 쓴다.

"How are you doing, Ben?"	"어떻게 지내고 있어, 벤?"
"Long time no see."	"오랜만이야."

— B. Meltzer, *The Tenth Justice* (1997)

3. 이밖에 "It's been a long time"은 예전에 했던 일을 오랜만에 다시 하려고 할 때도 사용한다.

"Do you think you'll ever paint again?"	"다시 그림을 그리려고 생각하니?"
"I'm not sure if I can anymore. It's been a long time."	"더이상 할 수 있을지 모르겠어. 오랜 시간이 흘렀어."
"You can still do it, Allie."	"너는 아직 할 수 있어, 알리."

— N. Sparks, *Notebook* (1996)

영화의 한 장면

[Roosevelt, *an ancient research assistant, opens the door to Kimble.*]

Roosevelt : It sure is good to see you again, Dr. Kimble.

Kimble : You too, Roosevelt··· **Been a long time. [=It's been a long time.]**

[Roosevelt *closes the door behind them.*]

[예전부터 연구 보조원을 하고 있는 루즈벨트가 문을 열고 킴블을 맞아들인다.]
루즈벨트 : 다시 만나 기쁩니다, 킴블 박사님.
킴블 : 나도 그래(너를 만나 반갑다), 루즈벨트. **오랜만이다.**
[루즈벨트가 문을 닫고 두 사람은 안으로 들어간다.]

— 도망자(*The Fugitive*, 1993)

네이티브는 이렇게 말한다

아메리카 네이티브는 이 표현이 "It's been a long time(since we've seen each other)"의 줄임말이라고 한다.

영국 네이티브는 영국에서 "It's been a long time"은 별로 흔한 표현이 아니고 대신 "Long time no see"를 사용한다고 한다.

또 아메리카 네이티브는 전화 통화를 할 때 "Long time no see" 대신 농담 삼아 "Long time no speak"라는 말도 쓴다고 한다.

Hi, Bill. Long time no speak.

야, 빌, **오랜만이구나.**

지금 바로 사용할 수 있는 구어 표현

· Who is this?

전화를 받았을 때 상대방이 누군지를 묻는 표현이다. 상대를 this라고 말하고 있는 점을 주의깊게 살펴야 한다. 이 말은 원래 미국 특유의 표현이었는데 지금은 영국에서도 널리 사용하고 있다. "Who is calling?"이라고 말하기도 한다. 전화로 자신의 이름을 말할 때는 "This is…" 또는 "This is… calling"이라고 한다. 스스럼없는 표현으 로는 "It's…"가 있다.

"Who is calling, please?"

"This is John Smith calling."

"누구십니까?"

"존 스미스라고 합니다."

· It sure is good to see you again.

이 "sure"는 미국 특유의 표현으로 'surely'의 의미로 사용하고 있다. 'see … again'은 아는 사람이나 친구를 만났을 때 사용한다. 처음 만났을 때는 'meet'라고 한다.

"Hello, Tom, nice to see you again."

"Bill, nice to see you."

"여어, 톰, 다시 만나 반갑다."

"빌, 만나서 반갑다."

· You too.

여기서는 "It's also good to see you"의 의미로 사용하고 있다.

41 '야' 하고 부를 때는
Hi there!

"*Hi there*, Jen. How are you doing?"
"OK, thanks. How about you?"
"*야*, 젠. 건강해?"
"덕택에. 넌?"

1. "**Hi there!**" "**Hey there!**" "**Hello there!**"는 인사말로 '야' '야, 안녕' 등의 의미를 나타낸다. 여기서 '**there**'는 상대를 부르는 말로 쓰인다.

"**Hi there**," he said smiling at her. "Spiffy dress. [=attractive and fashionable]" "Thanks."	"**야**"하고 말하면서 그녀에게 미소 지었다. "멋진 옷이네." "고마워."

— L. Howard, *Cry No More* (2004)

"**Hey there**… am I late?" Sarah smiled. "No, you're right on time. I saw you coming up." Miles took a deep breath.	"**안녕**… 내가 늦었니?" 사라가 미소지었다. "아니, 정각이야. 네가 오는 거 봤어." 마일즈는 깊은 숨을 쉬었다.

193

"You look beautiful," he said.

"Thank you."

"너 아름답다"하고 그가 말했다.

"고마워."

— N. Sparks, *A Bend in the Road* (2001)

2. 또 이 표현은 상대의 이름과 함께 사용하기도 한다. 다음은 모두 전화 대화다.

"Sue, this is Rocco Cipriani."

"Oh, **hi there, Mr. Cipriani.**
What can I do for you?"

"수, 저 로코 시프리아니입니다."

"아, **안녕하세요, 시프리아니 씨.**
무슨 일이시죠?"

— J. Krantz, *I'll Take Manhattan* (1986)

"**Hey there, Dunk,**" he said.

"I was going to call you in a
half-hour, I swear. How're
you doing?"

"Surviving," I said.

"How are you doing?"

"Surviving," he said.

(전화 받으면서) "**어이, 덩크**"하고 그
가 말했다.

"내가 너에게 30분 후에 전화 걸
려고 했었어. 정말이야. 어떻게 지
내고 있니?"

"그럭저럭 살고 있어"하고 내가
말했다.

"너는 어떻게 지내고 있니?"

"그럭저럭 살고 있지"하며 그가
대답했다.

— L. Sanders, *The Eighth Commandment* (1986)

영화의 한 장면

[라디오 프로에 어린이 조나가 전화를 걸고 있는 장면]

Boy's voice : Hello, this is Jonah −

[*There's a bleep as* Jonah *says his last name.*]

Dr. Marcia : No last names, Jonah. **Hello there,** you sound younger than our usual callers. How come you're up so late?

Jonah : It's not that late in Seattle.

Dr. Marcia : Got me there. What's your Christmas wish, Jonah?

Jonah : It's not for me. It's for my dad. I think he needs a new wife.

남자아이 목소리 : 여보세요, 저는 조나−

[조나가 성을 말하려고 했을 때 삐이−하는 소리가 난다.]

닥터 마샤 : 성은 말하지 않아도 돼요, 조나. **안녕,** 우리의 평소 청취자들보다 더 어린 목소리군요. 어떻게 이렇게 늦게까지 안 자고 있죠?

조나 : 시애틀에서는 그렇게 늦은 시간이 아니에요.

닥터 마샤 : 그렇군요. 크리스마스 소원은 뭐에요, 조나?

조나 : 나를 위한 소원이 아니에요. 아빠를 위한 소원이에요. 아빠에게 새 부인이 필요하다고 생각해요.

— 시애틀의 잠 못 이루는 밤 *(Sleepless in Seattle,* 1993)

네이티브는 이렇게 말한다

아메리카 네이티브는 이 'there'가 원래 "You there(나와 약간 떨어진 곳에 있는 당신)"이라는 의미를 나타낸 것이 아닐까 하고 말한다.

영국 네이티브는 영국에서는 "Hi"보다 "Hello"를 많이 쓰며 "Hi there"도 영국보다 미국에서 많이 쓰는 말이라고 한다.

지금 바로 사용할 수 있는 구어 표현

· What can I do for you?

정중한 표현으로 '무슨 용건입니까?' 라는 말이다. 이것보다 거친 말투로는 "What do you want (뭐 용건이 있나)?"가 있다.

· How are you doing?

"How are you doing(어떻게 지내고 있습니까)?" 하고 물으면 "I'm doing okay"라는 식으로 대답할 수도 있지만 앞의 예와 같이 'you'를 강하게 발음하여 같은 문장을 반복하는 경우도 있다.

· Surviving

"How are you doing?" 하고 물었을 때 대답하는 방법의 하나로 '그럭저럭 지내고 있다' 라는 의미다.

42 '좋아' 하고 동의할 때는 Sounds good (to me).

"Why don't we drive around a little more?"
"*Sounds good to me.*"
"드라이브를 조금 더 하지 않을래?"
"*난 좋지.*"

---

1. "**Sounds good (to me)**"는 상대방의 제안이나 권유를 받아들일 때 '좋다'는 의미로 사용한다.

"Suppose I <u>stop by</u> a <u>take-out</u> place and pick up some stuff. I'll get it to the hotel while it's still warm."
"**Sounds good to me**," Dora said.

"테이크아웃 하는 가게에 들러서 먹을 것을 약간 사는 건 <u>어떻겠니</u>. 식기 전에 호텔로 가져 갈 수 있을 거야."
"**나로서는 좋지**"하고 도라가 말했다.

— L. Sanders, *The Seventh Commandment* (1991)

"How about I take Nikki home and you give me a call when you're ready to leave? I'll come back and pick you up."
"**Sounds good**," David said.

"내가 니키를 집까지 바래다 주고, 네가 떠날 준비가 되었을 때 나에게 전화하는 것은 어때? 내가 돌아와서 너를 데리러 갈께."
"**좋아**"하고 데이비드가 말했다.

— R. Cook, *Fatal Cure* (1993)

2. 같은 표현으로 "Sounds great"가 있다.

"So what's for dinner?" he asked.

Sarah opened the refrigerator door and pulled out a large pan covered in tinfoil.

"Lasagna, French bread, and a salad. Is that okay?"

"**Sounds great.**"

"그래, 저녁은 뭐지?" 하고 그가 물었다.

사라는 냉장고 문을 열고 알루미늄 호일을 씌운 큰 냄비를 꺼냈다.

"라자냐, 프랑스 빵 그리고 샐러드. 이거면 될까?"

"**좋아.**"

— N. Sparks, *A Bend in the Road* (2001)

3. 'good'일 때나 'great'일 때 주어로 'It'이나 'That'이 붙는 경우가 있다.

"Would you like some eggs, sunny-side up*, sausages, and hash browns*?"

"**That sounds great,** Julian," I answered.

"계란 반숙, 소시지, 해시드 감자 좋아하니?"

"**그거 좋지,** 줄리안" 하고 나는 대답했다.

— H. Robbins, *The Predators* (1998)

영화의 한 장면

Kaffee : How 'bout[=about] a date. A real date. Dinner. Attractive clothes.

Jo : **Sounds good.** Who do you think I should call?

캐피 : 데이트하는 건 어때? 진짜 데이트 말이야. 저녁식사를 함께 하는 거야. 매력적인 옷을 입고서 말이지.

조 : **좋아.** 누구에게 전화 걸면 좋을 것 같아?

— 어 퓨 굿 맨(*A few Good Men*, 1992)

네이티브는 이렇게 말한다

영국 네이티브는 "Sounds good (to me)"는 별로 사용하지 않는 다고 한다. 대신 "Great idea"나 "It sounds good to me"처럼 주어가 붙은 표현을 쓴다고 한다.

아메리카 네이티브는 연령이나 성별에 따라 다르지만 일반적으로 제 일 많이 사용하는 것이 "Sounds good"이며 다음으로 "Sounds great"이라고 한다. 또 젊은이들은 "Sounds wonderful / marvelous / excellent / awesome" 등도 같은 뜻으로 사용한다.

지금 바로 사용할 수 있는 구어 표현

· Suppose

'……하는 것은 어떨까' 라는 제안의 의미를 나타낸다.

199

Suppose we wait till everyone comes out before we go in.

모두가 나올 때까지 기다렸다가 우리가 들어가는게 *어떻겠니.*

· stop-by

'들리다' 라는 뜻이다. 'drop by' 라고도 한다.

Drop by his office on the way home.

집에 가는 길에 그의 사무소에 들려주세요.

· take-out

패스트푸드점에서 '포장해서 가지고 가는 것'을 말한다. 'to go'혹은 'carry out' 이라고도 말한다.

Here is the *take-out / carry-out / to-go* menu.

포장해서 가져가실 수 있는 메뉴입니다.

식당에 가면 흔히 "For here or to go (여기서 드실 겁니까, 아니면 가지고 가실 겁니까?)?"하고 묻는다. 가지고 돌아갈 때는 "To go, please" 그 가게에서 먹을 때는 "For here, please"라고 말한다.

· How about ···?

구어에서는 "How about" 다음에 문장이 계속될 때가 많다.

How about we go out to some quiet place?

조용한 곳으로 가는 게 *어떻겠니?*

"How about if⋯?" 형으로도 많이 사용한다.

How about if I make you dinner at my place?

내 집에서 내가 너에게 저녁식사를 만들어 준다면 *어떻겠니?*

---

*sunny-side up : 한쪽만 프라이한, 노른자위가 반숙이 되도록.
*hash browns : 갈색이 될 때까지 프라이한 얇게 썰은 감자나 양파.

43 '걱정하지 마 (괜찮다)' 라고 말할 때는
Don't worry (about it).

"*Don't worry*. We have plenty of time."
"That's a relief."
"걱정할 것 없어. 시간은 충분해."
"안심된다."

1. 이 표현은 상황이 나쁘지 않다고 상대방을 안심시킬 때 사용하는 말로 '걱정하지 않아도 된다' 라는 의미다.

"Is he serious about firing me?"

"Don't worry, Adam. It won't happen. I promise."

"나를 해고하겠다는 게 진심일까?"

"걱정할 것 없어, 아담. 그런 일 없을 거야. 내가 장담한다."

— J. Grisham, *The Chamber* (1995)

There was a long pause, and then Portella said, "I'll be there, but don't try anything funny."
"Don't worry." Astorre said cheerfully.
"After this meeting we'll be buddies."

오랫동안 주저한 후, 포텔라가 "그곳에는 가지만, 이상한 짓은 하지마" 라고 말했다.
"걱정할 것 없어" 하고 아스토어가 기분 좋게 말했다.
"이 모임 후에는 우린 친구야."

— M. Puzo, *Omerta* (2000)

2. 'about' 다음에 구체적인 명사가 오면 그것에 대해서는 '아무것도 하지 않아도 된다'고 상대를 안심시키는 표현이 된다.

After she left, Mr. Pryor took Astorre to the airport. **"Don't worry about her,"** Mr. Pryor said. "We will take care of everything."	그녀가 떠난 후, 프라이어씨는 아스토어를 공항까지 바래다 주었다. **"그녀에 대해서는 걱정하지 않아도 돼"** 하고 프라이어씨가 말했다. "우리가 모든 것을 보살펴 줄께."

— M. Puzo, *Omerta* (2000)

3. 이밖에 **"Don't worry (about it)"**는 상대가 사과하는 경우에 그 응답으로도 사용한다.

"I– I'm really sorry. I wish I–" Connie Garrett smiled and said, "Please **don't worry about it.**"	"저–, 정말 죄송합니다. 도움이 되길 바랐는데–." 코니 가레트는 미소 지으면서 말했다, "괜찮으니 제발 **걱정하지 마세요.**"

— S. Sheldon, *Rage of Angels* (1980)

영화의 한 장면

Liz : Where's Peter? <u>He must be here somewhere.</u>

Spiderman : <u>He's around.</u> **Don't worry.** We'll find him.

리즈 : 피터는 어디 있어? 여기 어딘가에 있을텐데.

스파이더맨 : 이 근처에 있어. **걱정하지 마.** 우리가 그를 찾을 거야.

[피터와 스파이더맨은 동일 인물]

— 스파이더맨(*Spider-Man*, 1993)

네이티브는 이렇게 말한다

영국 네이티브는 영국에서도 이 표현은 사용하지만 자신이라면 "That's all right. It don't matter"를 더 선호한다고 했다.

오스트레일리아 네이티브는 "Don't worry about the kids- I can drive them to school(아이들에 대해서는 걱정하지 마- 내가 아이들을 학교에 태워갈 수 있어)"와 같이 'about' 다음에 구체적인 명사가 올 때는 "The kids will be OK"처럼 "…will be OK"로 바꿔 말할 수 있다고 말하고 있다.

지금 바로 사용할 수 있는 구어 표현

· I promise

'약속하다, 단언하다, 보증하다' 라는 의미인데 'promise'를 현재형으로 사용하는 점이 포인트다.

"I won't leave you. *I promise.*"

"You promise?"

"Cross my heart."

"나는 너를 떠나지 않을 거야. *내가 약속한다.*"

"너 약속했어?"

"(가슴에 십자가를 긋고) 맹세할게."

· buddies

'buddy'는 스스럼없는 표현으로 '친구'를 말한다.

"We're good *buddies*."

"우리는 좋은 *친구*야."

남성을 부를 때도 사용한다.

Take a seat, *buddy!*

너(자네), 앉아!

· He must be here somewhere

구어에서 'must'는 '……임이 틀림없다'라는 확신의 의미와 함께 '……일 것이다(……일 텐데)'라는 추측의 의미가 있다.

"See the kids?"

"They *must be* in the backyard."

"아이들 찾니?"

"뒤뜰에 *있을 텐데*."

· He's around

이 'around'는 미국 특유의 표현으로 '(지금 있는 장소) 가까이, 그 주변 어딘가'라는 의미를 나타낸다.

It was 11:30 at night, and nobody was *around*.

밤 11시 30분이었다, 그리고 아무도 주위에 없었다.

44 정중하게 허락을 구할 때는
If you don't mind.

"I'd like to ask you a few questions, *if you don't mind.*"
"No problem."
"몇 가지 질문을 하고 싶은데요, 괜찮으시다면."
"네, 그러세요."

---

1. "**If you don't mind**"는 '괜찮다면 (······하고 싶다)' 라는 식
으로 허락을 구할 때 사용하는 정중한 표현이다.

"**If you don't mind,** I'd- I'd like to be alone. This has been a terrible shock."
"Of course. Is there anything we can do for you?"
"No. Just- just leave."

"**괜찮다면** 저어, 혼자 있고 싶은데요. 이건 심한 충격입니다."
"물론 심한 충격입니다. 우리가 도와 드릴 일이 있나요?"
"아뇨. 그냥- 그냥(혼자)내버려 두세요."
— S. Sheldon, *The Best Laid Plans* (1997)

"I imagine our entrees will be out momentarily. **If you don't mind,** I'd like to use the ladies' room before they get here."
"By all means," Jack said.

"우리의 주요리가 곧 나올 거라고 생각합니다. **괜찮으시다면,** 그것들이(주요리) 나오기 전에 화장실에 다녀오겠습니다"
"좋고말고요(그러세요)" 하고 잭이 말했다.
— R. Cook, *Contagion* (1996)

"Then I guess we'd better go down to the beach again. You don't have to come. Hendrick and I can handle it." "I'd like to come, **if you don't mind.**" "**I don't mind.**"	"그러면 우리가 해변으로 다시 내려가는 것이 더 낫다고 생각하는데요. 당신은 올 필요 없어요. 핸드릭과 내가 이 일을 처리할 수 있어요." "저도 가고 싶은데요, **괜찮으시다면.**" "**전 상관 없어요(그러세요).**"

— P. Bechley, *Jaws* (1974)

"Father, **if you don't mind** I have to talk to you about something urgent. In private." "But **I do mind,**" Mr. Livingston said.	"아버지, **괜찮으시다면** 급히 드릴 말씀이 있어요. 비밀로요." "그러나 **안돼**"하고 리빙스턴 씨가 대답했다.

— S. Sheldon, *The Best Laid Plans* (1997)

영화의 한 장면

Betsy : Well, then, what is it you exactly want to do?

> *Travis* : *(bolstering courage)* **If you don't mind,** man, I'd be mighty pleased if you'd go out and have some coffee and pie with me.
>
> 벳치 : 뭐가 네가 정확하게 하고 싶은 거야?
> 트래비스 : *(용기를 내서)* **괜찮다면,** 저어, 밖에서 커피와 파이라도 함께 먹고 싶은데요.
>
> — 택시 드라이버 (*Taxi Driver,* 1976)

네이티브는 이렇게 말한다

아메리카 네이티브는 "**If you don't mind**"가 "**Yes, thank you**"라는 의미를 나타내기도 한다고 말한다.

"Do you need a lift?"

"**If you don't mind.**"

"태워다 드릴까요?"

"**괜찮으시다면.**"

오스트레일리아 네이티브는 "**If I may**"가 "**if you don't mind**"보다 정중한 표현이 된다고 한다.

I'll go in first, **if I may.**

If you don't mind, I'll go in first.

먼저 들어갈까요, **괜찮으시다면.**

괜찮으시다면, 먼저 들어가겠습니다.

지금 바로 사용할 수 있는 구어 표현

· I'd like to be alone

"I'd like to…"는 "I want…"의 정중한 표현으로 "if you don't mind"와 함께 많이 사용한다.

· Is there anything we can do for you?

'우리가 도와 드릴 일이 있습니까?' 라는 의미로 사용한다.

"*Is there anything I can do for you?*"

"Thanks, I'm fine."

"*우리가 도와드릴 일이 있습니까?*"

"고맙지만, 괜찮아요."

· By all means

승낙하거나 허가를 내줄 때 사용한다.

"I'll like you to attend if you have time."

"*By all means.*"

"시간이 있으면 출석해 주었으면 하는데."

"좋고말고."

"Can I bring Linda?"

"*By all means!*"

"린다를 데려올까?"

"좋고말고!"

45 '최고' 라고 말할 때는 Terrific.

"How did the interview go?"
"*Terrific.*"
"인터뷰 어땠어?"
"*아주 좋았어.*"

1. 이 말은 원래 '공포를 야기시키다' 라는 뜻이지만 현재는 스스럼없는 표현으로 "**very good**"의 의미('대단히 좋다' '멋지다' 등)로 많이 사용한다.

"Maybe we could meet some other time."	"언제 또 만나자."
"Tomorrow lunch?" asked Seth.	"내일 점심 어때?" 하고 세스가 물었다.
"**Terrific.**" Judy Gordon smiled.	"**최고로 좋지.**" 쥬디 고든은 미소를 지었다.

— E. Segal, *Doctors* (1988)

"Come early, so you can see the kids. We'll eat at eight but if you can get to our place by six-thirty you can see both of them before Nanny spirits	"빨리와, 그러면 아이들을 만날 수 있어. 우리는 식사를 8시에 하지만 네가 6시 30분까지 올 수 있다면 나니가 아이들을 데리고 나가기 전에 둘 다 만날 수

them away."
"Terrific."

있어."
"아주 좋아."

— J. Krantz, *I'll Take Manhattan* (1986)

2. "Terrific"은 몸 컨디션이 좋다는 것을 말할 때도 사용한다.

"How do you feel, Cathy?"
he asked.
"Terrific."

"기분은 어때, 캐시?" 하고 그가 물었다.

"최고야."

— S. Sheldon, *The Other Side of Midnight* (1974)

3. "Terrific"과 반대 의미로 스펠링이 비슷한 "Terrible"을 쓸 수 있다.

My temples throbbed. I
groaned and lay back.
Mae said, "Feel bad?"
"Terrible."

나는 머리(관자놀이)가 욱신욱신 쑤셨다.
나는 신음 소리를 내면서 뒤로 쓰러졌다.
메이가 "기분이 나빴어?" 하고 말했다.
"최악이야."

— M. Crichton, *Prey* (2002)

영화의 한 장면

[Duane, *sitting on his bed, sees Alvy walking past the open door.*]

Duane : Alvy.

Alvy : *(Walking in)* Oh, hi, Duane, how's it goin'?

Duane : This is my room.

Alvy : *(Looking around)* Oh, yeah?

(He clears his throat) **Terrific.**

[듀엔은, 침대에 앉아, 앨비가 열린 문을 지나서 걸어가는 것을 본다.]

듀엔 : 앨비.

앨비 : *(안으로 들어서며)* 오, 안녕, 듀엔, <u>어떻게 지내고 있어?</u>

듀엔 : 여기가 내방이야.

앨비 : *(주위를 보면서)* 오, 그래?

(헛기침을 한다) **최곤대.**

— 애니 홀*(Annie Hall, 1977)*

네이티브는 이렇게 말한다

아메리카 네이티브는 "Terrific"이 친근한 표현이 아니며 젊은이들
의 말도 아니라고 했다.

영국 네이티브는 자신이라면 "Great"라고 말하지만 영국인 중에
"Terrific"을 사용하는 사람도 있다고 한다. 반면 오스트레일리아 네
이티브는 이 말이 원래 미국 영어였는데 지금은 어디에서나 들을 수
있다고 했다. 또 "Terrific"은 가끔 '최고다'라고 빈정댈 때 사용하는
경우도 있다고 한다.

"She's just rung and said her car has broken down.
She's waiting for the mechanic, and she says you'll have
to start the concert without her."

"Terrific!"

"그녀가 막 전화해서 차가 고장났다고 했어. 그녀는 수리공을 기다리고 있어, 그리고 자기 없이 콘서트를 시작해야 할 것이라고 말했어."

"**최고다**(참 잘한다)!" [=빈정대는 말]

지금 바로 사용할 수 있는 구어 표현

· Maybe we could meet some other time.

이 'we could'는 제안을 나타내고 있다. 'May be'는 없어도 상관없다.

"I wonder why they're taking so long."

"*We could* go over and see what's happening."

"왜 그들이 시간이 오래 걸리는지 모르겠어."

"*우리가 가서 어떻게 된 일인지 알아보자.*"

· How's it goin'?

"How is it going?"을 말하며 'go'는 '일이 진행된다'라는 의미다. '(몸이나 일 등이) 어떻게 지내고 있습니까?'라는 의미로 사용한다. 질문 받은 쪽은 어지간한 일이 없는 한 "Great. / Fine. / Not so bad." 등으로 대답한다. 'it' 대신에 구체적인 명사(school, work 등)가 오는 경우도 있다.

"*How's* school *going?*"

"Fine."

"*학교 생활 어때?*"

"즐거워요."

46 정중하게 의뢰하거나 허락을 구할 때는 I wonder if…

"I wonder if you could drop by early tomorrow morning."
"How early?"
"내일 아침 일찍 들려 주세요."
"얼마나 일찍요?"

1. "I wonder if…"는 '……인지 어떤지 알고 싶다'라는 것이 원래 의미이며 정중하게 의뢰하거나 허락을 구할 때도 사용한다.

"I wonder if I could speak to you alone for a few minutes?"	"잠시 둘이서만 이야기 **하실까 요?**" ("Could I speak to you alone for a few minutes?"라는 의미기 때문에 문장 끝에 물음표가 붙어 있다.)
"Certainly."	"좋습니다."

— S. Sheldon, *Tell Me Your Dreams* (1998)

When she spoke, her voice was shaky.	그녀가 말할 때 목소리가 떨렸다.
"I'd like to get out of here. I **wonder if** you could pick me up in— in two hours?"	"여기서 나가고 싶어요. 2시간 정도 후에 차로 데리러 **와 주실 래요?**" ("Could you pick me up in two hours?"라는 의미이기 때문에 문장 끝에 물음표가 붙어 있다.)

"Of course, miss." | "알겠습니다, 아가씨."

— S. Sheldon, *Memories of Midnight* (1990)

2. "I wonder if…"보다 진행형인 "I'm wondering if…" 쪽
이 정중하며 과거 진행형인 "I was wondering if…"는 더 정
중한 표현이다. 두 가지 모두 다 시제는 현재형이다.

"I'm going to ask for your legal advice," she said solemnly.
"This may shock you, but **I'm wondering if** I could divorce Dave and if I did what could I get out of him?"

"법률상의 의견을 물으려고 하는데요"하고 그녀가 진지하게 말했다.

"당신에게는 충격일 수 있습니다, 그러나 나는 데이브와 이혼할 수 있는지 궁금하고 이혼을 한다면 그에게서 어느 정도 받을 수 **있을까요?**"

— H. Robbins, *Never Enough* (2002)

"Anyhow, **I was wondering if** you've got a light."
"Sorry," Tracy said.
"I wish I could help you, but I don't smoke, and I don't have any matches."
"Thanks anyway," the man said.
"Sorry to bother you."

"어쨌든, **불 갖고 있지.**"

"죄송합니다"하고 트레이시가 말했다.
"도와드릴 수 있으면 좋을테지만, 담배를 피우지 않아요, 그래서 성냥을 갖고 있지 않아요."
"아무튼 감사합니다"하고 그 남자가 말했다.
"귀찮게 해서 죄송합니다."

"No bother," Tracy said. | "귀찮게 하신 것 없어요.(괜찮아요)"하
고 트래이시는 대답했다.
(트래이시는 낯선 남자를 의아하게 생각해
과도하게 정중한 말을 사용하고 있다.)

— R. Cook, *Toxin* (1997)

영화의 한 장면

Anna : *(to Bella)* **I wonder** if you could tell me where
the…?
Bella : Oh, it's just down the corridor on the right.
Honey : I'll show you.

안나 : *(벨라에게)* 저어, (화장실) 어딘지 가르쳐 **주실래요?**
벨라 : 아아, 바로 복도 아래 오른쪽에 있어요.
허니 : 안내해 드릴게요.

— 노팅힐(*Notting Hill*, 1999)

네이티브는 이렇게 말한다

오스트레일리아 네이티브는 문장이 길면 길수록 정중하다고 말한다.
때문에 "Could you help me with this(도와주시겠습니까)?"나
"Could I look at your photo albums(당신의 앨범을 볼 수 있을까
요)?"도 정중한 표현이지만 "I wonder if…"를 사용해서 "I wonder
if you could help me with this"나 "I wonder if I could look

at your photo albums"라고 표현하면 더 정중하다는 것이다.

지금 바로 사용할 수 있는 구어 표현

· I wish I could help you.

"I wish I could…"는 '……할 수 있으면 좋겠지만 (할 수 없다)'라는
의미로 많이 사용한다.

I wish I could explain it more fully right now.

지금 좀 더 충분히 설명할 수 있으면 좋을텐데.

· Thanks any way.

상대방이 자신을 위해 무언가를 해주려고 했지만 잘 안 되었을 때
사용한다.

· No bother

누군가를 만났을 때 상대방이 "I hope I'm not bothering you(귀찮
게(성가시게)하지 않기를 바랍니다)"하고 말하거나, 헤어질 때 상대가 "Sorry
to bother(have bothered) you(귀찮게(성가시게) 해 드려 죄송합니다)"라고 말
하는 경우에 '상관없습니다' '천만에 말씀을'이라는 의미로 사용한다.

47 제안에 대해 '그것으로 됐다'고 흔쾌히 대답할 때는 Fine.

"Call me. After aerobics I'll be at home."
"*Fine.*"

"전화 해. 에어로빅이 끝나면 집에 있을 테니까."
"좋아."

1. "Fine"은 "How are you?"에 대한 대답으로 많이 알려져 있는데 제안 등에 대해 동의하는 의미로도 많이 사용한다.

"Would you like some fish for lunch?" Susan asked.
Both men nodded.
"**Fine.**"

"점심식사로 생선요리는 어떻습니까?" 하고 수잔이 물었다.
두 사람 모두 고개를 끄덕였다.
"**좋습니다.**"

— S. Sheldon, *The Doomsday Conspiracy* (1991)

2. '나는 그것으로 좋다' '괜찮다'라고 말할 때는 "Fine by (with) me"라고 말한다.

"Come on, Candace. I'm sure I can use your help. Kevin, you can wait here if you'd like."
"**Fine by me,**" Kevin said.

"이리 와, 캔다스. 네 도움이 꼭 필요해. 케빈, 너는 여기서 기다려 줘, 괜찮다면."
"**난 괜찮아**" 하고 케빈이 대답했다.

— R. Cook, *Chromosome 6* (1997)

"Is everything all right?" she said.

"Fine," Hooper said curtly.

"Everything's fine."
The waitress left.

"모든 것이 좋았습니까?"하고 그녀 (웨이트리스)가 물었다.

"**좋았어요**"하고 후퍼는 무뚝뚝하게 대답했다.

"모두 좋았습니다."
웨이트리스는 자리를 떠났다.

— P. Benchley, *Jaws* (1974)

"Can I offer you anything? A cold drink, maybe?"
"No, thanks. I'm **fine**."

"뭐 좀 갖다 드릴까요? 시원한 음료라도?"
"괜찮아요. **저는 만족합니다.**"

— S. Sheldon, *The Doomsday Conspiracy* (1991)

영화의 한 장면

[Annie's *smile fades*.]

Walter : Is something wrong?

[Annie *shakes her head.*]

Maitre d' : May I get you a drink?

Walter : Some champagne?

Annie : **Fine, fine.**

[Walter glances *back over his shoulder.*]

Walter : Beautiful view, isn't it?

Annie : Walter, there's something I have to tell you.

월터 : 뭐 나쁜 일이야?

[애니가 고개를 가로저었다.]

지배인 : 뭐 마실 것을 가져올까요?

월터 : 샴페인 (마실까)?

애니 : **그래, 좋아요.**

[월터는 어깨 너머로 뒤를 본다.]

월터 : 아름다운 전망이다, 그렇지 않니?

애니 : 월터, 나 당신에게 할 말이 있어요.

[애니에게서 미소가 사라진다.]

(fine을 두 번 반복하고 있는 것을 보면 애니는 적당히 대답하고 있다는 것을 알 수 있다.)

— 시애틀의 잠 못 이루는 밤*(Sleepless in Seattle*, 1993)

네이티브는 이렇게 말한다

아메리카 네이티브와 영국 네이티브 모두 "Fine"에는 여러 가지 의미가 있는데 보통 상대가 말하는 것을 동의할 때 많이 사용한다고 한다.

"Shall we go now?"

"Fine."

"자, 갈까요?"

"좋습니다."

좋은 의미를 나타내는 말이 오히려 빈정대는 의미로 사용되는 경우가 있는데 "Fine"도 그중 하나다.

"The publishing company has just called us. They rejected our offer."

"Fine."

"출판사로부터 방금 전화가 왔다. 우리 출판 의뢰를 거절했어."

"(빈정대면서) **잘됐네.**"

지금 바로 사용할 수 있는 구어 표현

· can use

'사용할 수 있다'라는 의미가 아니라 '……가 필요하다'라는 뜻이다. 보통 '음료수를 마시고 싶다'라는 뜻으로 많이 사용한다.

"I think I *could use* a drink."

"I'll fix it for you."

"I can do it."

"I don't mind. I *can use* one myself."

"뭐 마실 것이 있으면 좋겠는데."

"내가 만들게요."

"내가 해도 돼."

"괜찮아요. 나도 *마시고 싶으니까.*"

· if you'd like

'만약 괜찮다면'이라는 뜻이다. 'if you like'라고도 말한다.

You don't have to go. You can hang around *if you like*.

너는 갈 필요 없어. 이 근처에서 시간을 보내도 돼, *괜찮다면.*

48 '어떻게 알지?' 하고 물을 때는 How do you know?

"I'm sure she is nice."

"How do you know? You haven't met her."

"틀림없이 그녀는 멋져."

"어떻게 알지? 만난 적도 없는데."

---

1. "How do you know?"는 일반적으로 '어떻게 알지?' 라는 뜻이며 '왜 당신의 말이 옳다고 생각해?' 라고 물을 때도 사용한다.

I looked at him.	나는 그를 쳐다보았다.
"He's got a gun in a shoulder holstter."	"그의 숄더 홀스터(어깨에 매는 권총용 가죽 케이스)에 총이 있어."
"How do you know?" she asked.	**"어떻게 알죠?"** 하고 그녀가 물었다.
"I saw it when he got out of the car."	"놈이 차에서 내릴 때 봤어."

— H. Robbins, *The Piranhas* (1986)

Emmet left them and Sarah said, "He's not coming back."	에멧이 그들을 두고 떠났고, 사라가 "그는 돌아오지 않을 겁니다"라고 말했다.
"How do you know?"	**"어떻게 알아?"**
"He doesn't want to come	"그는 돌아오고 싶어 하지 않으

back," she said.
"He wants a new life."

니까요"하고 그녀가 말했다.
"그는 새 인생을 원합니다."

— L. Sanders, *Guilty Pleasures* (1998)

2. 또 이 표현은 '어떻게 그 정보를 입수했는가'라고 물을 때도 사용한다.

"I have to call Hooper," he said.
"You know where the phone book is?"
"It's six-five-four-three," said Ellen.
"What is?"
"The Abelard. That's the number: six-five-four-three."
"How do you know?"

"후퍼에게 전화를 해야 돼"하고 그가 말했다.
"전화번호부 어디 있는지 아니?"
"6543이에요"하고 엘렌이 말했다.
"뭐라고?"
"아블라드(호텔). 6543번이에요."
"어떻게 알고 있는 거야?"

— P. Benchley, *Jaws* (1974)

"Her last name is Reggis, huh?"
"Yep," Caroline said.
"Could that be Dr. Kim Reggis's daughter?" Kelly asked.
"I know her father's a doctor," Caroline said.
"How do you know?"

"그녀의 성은 레지스군, 그렇지?"
"응"하고 캐롤라인이 말했다.
"그럼 그녀는 김 레지스 선생의 딸인가?"하고 켈리가 물었다.
"그녀 아버지가 의사란 건 알고 있어"하고 캐롤라인이 말했다.
"어떻게 알고 있는 거지?"

— R. Cook, *Toxin* (1997)

영화의 한 장면

[조나(샘의 여덟 살 난 아들)는 친구 제시카와 레코드를 듣고 있다.]

Jonah : Hi, Dad. Dad, this is Jessica.

Sam : It's nice to meet you, Jessica.

Jonah : Dad, this is amazing. If you play this backwards, it says "Paul is dead."

Sam : I know.

Jonah : **How do you know?**

조나 : 아빠. 아빠, 이쪽은 제시카야.

샘 : 만나서 반갑구나, 제시카.

조나 : 아빠, 이거 놀라워. 레코드를 거꾸로 돌리면 "폴은 죽었다"고 말하고 있어.

샘 : (그래) 알고 있다.

조나 : **어떻게 알았어?**

— 시애틀의 잠 못 이루는 밤(*Sleepless in Seattle*, 1993)

네이티브는 이렇게 말한다

아메리카 네이티브는 '어떻게 아는가'라는 의미로는 'You'를 강하게 발음하고 '어떻게 알고 있는가'라는 의미에서는 'know'를 강하게 발음한다고 한다. 아메리카 네이티브와 영국 네이티브 모두 '어떻게 아는가' '어떻게 알고 있는가'를 그대로 영어로 표현한 "Why do you know (that)?"는 잘 쓰는 말이 아니라고 한다.

지금 바로 사용할 수 있는 구어 표현

· huh

문장 끝에 놓고 상대의 동의를 구하는 표현이다.

Not a bad racket, *huh?*

나쁜 라켓은 아니다, *그렇지?*

· Yup, Yep

스스럼없게 "Yes"를 표현하는 말이다.

"Do you think that large, modern building is a hospital?"

"*Yup.*"

"저 커다란 현대식 빌딩이 병원이라고 생각하니?"

"응."

"Is everything okay?"

"*Yep.*"

"모두 잘 되고 있니?"

"응."

"No"를 스스럼없게 "Nope"이라고 말하기도 한다.

"Any problem?"

"*Nope.*"

"뭐 문제라도 있어?"

"*아니.*"

49 '모르겠습니다' '자, 어떻게 할까' 하고 말할 때는 I don't know.

"Where is the nearest bank?"
"*I don't know.*"
"제일 가까운 은행이 어디에 있지요?"
"저는 모르겠는데요."

1. "I don't know"는 일반적으로 질문을 받고나서 그 질문에 대한 답을 모를 때 사용한다.

"What is the Russian plan?" He shrugged. **"I don't know."**	"러시안 플랜이 뭐지?" 그가 어깨를 으쓱했다. **"몰라."**

— S. Sheldon, *The Sky Is Falling* (2000)

2. 또 상대가 말한 것을 가볍게 반대하거나 의뢰를 거절할 때도 사용한다.

"Could I have a hockey stick?" **"I don't know.** They're for older kids."	"하키 스틱 가져도 돼요(하키 스틱 사 주실래요)?" **"나는 모른다.** 하키는 큰 아이들이 하는 스포츠야."

— A. Corman, *Kramer vs. Kramer* (1978)

"What can I do for you, Deputy?"

"Would you mind answering a few questions?"

Ashley shifted uncomfortably.

"I – I don't know. Am I under suspicion for something?"

"무엇을 도와드릴까요, (하원)의원님?"

"몇 가지 질문에 대답해 주시겠습니까?"

에슐리는 거북하게 움직였다.

"저– 저는 모르는데요. 내게 무슨 혐의라도 있는 건가요?"

— S. Sheldon, *Tell Me Your Dreams* (1998)

3. 이밖에 자신이 한 말에 확신이 없거나 그 말이 별로 중요하지 않다고 생각될 때도 **"I don't know"**를 사용한다.

"Seventeen. I'll be eighteen in a few months. How old did you think I was?"

She was flattered that he looked so surprised.

"I don't know, maybe twenty three···twenty-five."

"17살이야. 몇 개월 지나면 18살이 돼. 내가 몇 살이라고 생각했니?"

그녀는 그의 놀란 얼굴을 보고 우쭐해졌다.

"나는 모르겠는데, 23이나 25 정도······."

— A. Corman, *Kramer vs. Kramer* (1978)

영화의 한 장면

Lambeau : So I hear you're taking some time.

Sean : Yeah. Summer vacation. Thought I'd travel some.

Maybe write a little bit.

Lambeau : Where're you going?

Sean : **I don't know.** India, maybe.

Lambeau : Why there?

Sean : Never been.

람보 : 휴가 낸다고 들었는데.

션 : 응, 여름휴가야. 여행 좀 하려고 <u>생각했어.</u> 글도 조금 써볼까
해서.

람보 : 어디로 갈 거야?

션 : **나도 몰라.** 아마 인도로 가게 될거야.

람보 : 왜 거기야?

션 : <u>가본 적이 없어.</u>

— 굿 윌 헌팅(*Good Will Hunting*, 1997)

네이티브는 이렇게 말한다

오스트레일리아 네이티브는 질문에 대한 대답을 모를 때 "I don't
know"라고만 말해도 별로 실례가 되지 않는다고 한다. 다만 'I' 가 아
니라 'know'를 강하게 발음해야 한다고 한다. 정중하게 말하려면
"What is the time?" "Sorry, I don't know" ("몇 시죠?" "미안하지만
저도 모르겠어요.")와 같이 "Sorry"를 붙이면 된다.

아메리카 네이티브는 대화 중에 시간을 벌기 위해 "I don't know"
를 사용하는 경우가 있다고 한다.

"Why did you do that?"

"Oh, well, you know, **I don't know,** really, I mean, it just sort of seemed a good idea."

"왜 그런 짓을 한 거야?"

"저, 그게, 음~, **나도 몰라,** 정말, 내가 말하는 것은, 이것이 조금은 좋은 아이디어였던 것 같아."

"**well, you know, I mean, sort of**" 등도 "**I don't know**"와 같은 작용을 하고 있으며 이 모든 말을 아울러서 '잇는 말' 이라고 한다.

지금 바로 사용할 수 있는 구어 표현

· Thought I'd travel some.

"I thought…"를 말한다. 구어에서는 문장 앞의 주어가 흔히 생략된다.

It's late. (It's) Time for me to go.

늦었어, 가야해.

(I'm) Glad to hear it.

그런 소식을 들으니 기쁩니다..

(That's) Too bad.

안됐다.

· Never been.

"I have never been there"를 말하는 것으로 '거기에는 간 적이 없다' 라는 의미다. "I've never been there"는 많이 사용하는 표현이다.

50 '그렇군요' 하고 확인하거나 '옳다, 맞다' 하고 동의할 때는 Right.

"She has done a good job, *right?*"
"*Right.*"
"그녀는 잘했어, 맞지?"
"맞아."

1. **"Right"**는 자신이 말하고 있는 것이 옳은지 상대방에게 확인하거나 상대방이 말하고 있는 것이 옳다는 것을 강조해서 대답하는 경우에 사용한다.

"Cole, you're my lawyer, **right?**"

"**Right.**"

"콜, 자네는 내 변호사야, **그렇지?**"
"**그렇습니다.**"

— H. Robbins, *Never Enough* (2002)

"She's an African-American, **right?**"
"Yep. Lighter than I am."
"Love her?"
"Nope. I admire her. I respect her. Enjoy being with her. But I don't love her."

"그녀는 아프리카계 미국인이야, **맞지?**"
"응, 나보다 더 (피부색이) 연해."
"그녀를 사랑해?"
"아니. 난 그녀가 훌륭하다고 생각해. 존경하고 있어. 함께 있으면 즐겁고 말이야. 하지만 사랑

| 하지는 않아."

— L. Sanders, *Guilty Pleasures* (1998)

"Are you thinking the same thing I am, Pete?"
"Maybe."
"That girl, Carla Harper, from Philadelphia?"
"Right."
"She disappeared two years ago, in August."
"Right."

"나와 같은 생각을 하고 있니, 피트?"
"아마도."
"그 여자, 칼라 하퍼, 필라델피아 출신?"
"맞아"
"2년 전, 8월에 실종됐었지?"
"맞아."

— M. H. Clark, *On the Street Where You Live* (2001)

2. 또 "Right"는 제안이나 의뢰에 응하는 경우에도 사용한다. '알았다' 라는 의미가 된다.

"You are an American?"
"Yes."
The guard searched through some forms on his desk and handed one to Dana.
"You will fill this out, please."

"Right," Dana said.

"미국인이십니까?"
"네."
경비원은 책상에 있는 용지를 찾아서 그중 한 장을 다나에게 건네주었다.
"(필요 사항을)여기에 작성해 주시기 바랍니다."

"알았어요" 하고 다나가 말했다.

— S. Sheldon, *The Sky Is Falling* (2000)

[정신과의 맬컴은 죽은 사람이 보인다고 말하는 소년(콜)과 만난다.]

Cole : Nothing bad can happen in a church, **right?**

[Malcolm *studies* Cole's *anxious face.*]

Malcolm : **Right.**

[Malcolm *and* Cole *just stare at each other.*]

Cole : I forgot your name.

Malcolm : Dr. Crowe.

Cole : You're a doctor.

콜 : 교회에서는 나쁜 일이 일어날 수 없어요, **맞죠?**

[맬컴이 콜의 불안해하는 얼굴을 자세히 보았다.]

맬컴 : **맞아.**

[맬컴과 콜은 서로를 바라보았다.]

콜 : 당신의 이름을 잊어버렸는데요.

맬컴 : 닥터 크로우야.

콜 : 의사 선생님이시군요.

— 식스 센스(*The Sixth Sense,* 1999)

네이티브는 이렇게 말한다

아메리카 네이티브는 문장 끝에 "right?"를 붙일 때 "right?" 대신 "huh?"를 사용해도 된다고 한다.

He is a doctor, **huh?**

그는 의사예요, **그렇죠?**

오스트레일리아 네이티브는 이 말이 실례되는 표현은 아니지만 퉁명스럽게 들린다고 한다. 또한 "right?"나 "huh?"보다 정중한 표현으로 부가 의문문 "He is a doctor, **isn't he?**"가 있다고 한다. 그리고 "Can you lend me your dictionary?"(의뢰)나 "Can I borrow your car?"(허가를 구하는 경우)나 "How about going to a movie?"(제안)에 대한 대답에는 "Sure" 등을 사용하는 것이 보통이며 "Right"를 사용하면 마음 내키지 않는 대답으로 들린다고 한다. 또 "Thank you"나 "I'm sorry"에 "right"를 대답으로 사용하면 실례가 된다고도 말한다.

지금 바로 사용할 수 있는 구어 표현

· You are an American?

"Are you an American?"과 같은 말이다. 보통의 문장 어순에서 문장 끝을 올려서 읽고 의문의 효과를 내는 독특한 회화 표현이다.

   You're meeting him right here?

   그와 바로 여기서 만나? [=Are you meeting…]

· fill out

'용지 등에 필요한 사항을 기입하다'라는 의미다.

   I have some forms for you to *fill out.*

당신이 *기입해야* 할 용지가 몇 장 있습니다.

이것은 아메리카식 영어로 영국에서는 'fill in' 이라고 말한다.

국립중앙도서관 출판시도서목록(CIP)
(EBS TV 이윤철 교수와 함께하는) SOS 5분 영어
= SOS 5 minute English / 카시노 켄지 저 ; 이윤
철 역. -- 파주 : 다밋, 2009   p. ;   cm
표제관련정보: 영어회화를 위한 확실한 길잡이
본문은 한국어, 영어가 혼합수록됨
ISBN 978-89-93019-05-6 03740 : \12500
영어 회화[英語會話]
747.5-KDC4   428-DDC21
                    CIP2009000924

EBS TV · 이윤철 교수와 · 함께하는

SOS 5분 영어

펴낸날 | 2009년 9월 25일 • 1판 1쇄

지은이 | 카시노 켄지

옮긴이 | 이윤철

영문 감수 | Wayne Letcher

펴낸이 | 전민상

편집주간 | 김소양

편집 | 이윤희, 김소영

삽화 | 윤성원

펴낸곳 | 도서출판 다밋 • 전화 | 02-566-3410 • 팩스 | 02-566-1164

주소 | 서울시 강남구 역삼동 837-17 삼성애니텔 1001호

이메일 | wrigle@hanmail.net

홈페이지 | www.dameet.com

출판등록 | 2005년 6월 22일

ⓒ 도서출판 다밋 2009

Printed in Seoul, Korea

ISBN 978-89-93019-05-6

* 잘못된 책은 바꾸어 드립니다.
* 책값은 뒤표지에 있습니다.